LA CONQUÈTE

DES ÉTATS NESTORIENS DE L'ASIE CENTRALE

PAR LES SCHIÏTES

LES INFLUENCES CHRÉTIENNE ET BOUDDHIQUE

DANS LE DOGME ISLAMIQUE

PAR

E. BLOCHET

Extrait de la *REVUE DE L'ORIENT CHRÉTIEN*

3ᵉ Série, T. *V (XXV)*, Nᵒˢ *1 et 2 (1925-1926), pp. 3-131*

PARIS

LIBRAIRIE AUGUSTE PICARD

82, Rue Bonaparte

1926

TYPOGRAPHIE FIRMIN-DIDOT ET Cⁱᵉ. — MESNIL (EURE).

LA CONQUÊTE DES ÉTATS NESTORIENS
DE L'ASIE CENTRALE PAR LES SHIÏTES.
LES INFLUENCES CHRÉTIENNE ET BOUDDHIQUE DANS LE DOGME ISLAMIQUE.

Si l'on en croyait Tabari, dont le récit a été copié par Ibn al-Athir, les Musulmans se seraient emparés de Kashghar en l'année 96 de l'hégire (715), et auraient ainsi annexé le fond du Tarim aux domaines du Khalifat. Les Orientalistes en ont tiré cette conclusion que, du jour où les drapeaux de l'Islam flottèrent sur les remparts de la cité chinoise, instantanément, sans aucun délai, en quelques heures, toute l'Asie Centrale, du Pamir aux frontières de l'empire Thang, renonça au Bouddhisme et au Christianisme, pour embrasser la foi des conquérants (1). Il est inutile de s'attarder à la discussion d'une semblable erreur, qui méconnaît les lois de la routine humaine et les faits les plus connus de l'histoire de l'Extrême-Orient (2).

(1) Les Chinois professent une opinion aussi erronée, en affirmant que les populations du Turkestan, dans le principe, furent bouddhistes, qu'elles commencèrent à embrasser l'Islamisme sous les Thang, qu'elles étaient devenues entièrement musulmanes à l'époque des Mongols; cette doctrine est trop absolue; la conversion, sous le règne de Dharmashri, fut loin d'être totale et définitive; même dans l'Inde, où il fut âprement combattu, et pourchassé sans pitié, par le Brahmanisme, qui convenait beaucoup mieux que lui à la mentalité des Hindous, ce fut seulement au xiiie siècle que le Bouddhisme disparut devant la conquête musulmane; encore serait-il plus exact, plus conforme à la réalité historique, de dire que ses restes se syncrétisèrent avec les doctrines et les dogmes du Tantrisme. Le nom de l'empereur Décius se lit en 250 dans une inscription hiéroglyphique; le culte des hiérophantes survécut durant des siècles à la conversion de l'Égypte à la religion chrétienne; il se réfugia dans le Sud de la vallée du Nil; au vie siècle, il était encore vivant à Philae, avec ses prêtres qui n'avaient pas oublié la signification traditionnelle des livres de l'Égypte des Pharaons; il ne disparut visiblement qu'au commencement du viie siècle, devant l'Islam; mais la connaissance de la langue et du système graphique ne s'éteignit point à cette époque, comme on le voit par les notions élémentaires qu'on en trouve encore dans les livres arabes.

(2) Les caractères chinois qui figurent dans ce travail ont été obligeamment prêtés par l'Imprimerie nationale.

En l'année 96 (715), dit Tabari, d'après le récit d'un certain 'Ali ibn Mohammad, Kotaïba ibn Mouslim mit sa famille à l'abri dans Samarkand qu'il avait conquise en 712 (1), par suite de la crainte qu'il éprouvait de la part de Solaïman, fils d''Abd al-Malik, frère du khalife al-Walid; il chargea ensuite l'un de ses affranchis, lequel portait le surnom d'al-Khwarizmi, de faire toutes les opérations nécessaires à la traversée du Fleuve (l'Oxus), et il se rendit à Farghana. Il s'y apprêta à marcher sur Kashghar, qui est la ville la plus occidentale de l'Asie Centrale وهى ادنى مدائن الصين; ce fut à Farghana (2) qu'il apprit la mort du khalife omayyade al-Walid.

(1) Tabari, édition du Caire, t. VIII, pp. 99-101; Ibn al-Athir, édition Tornberg, t. V, p. I.

(2) Farghana, dit Yakout al-Hamawi, dans le *Mo'djam al-bouldan*, t. III, pp. 878 ssq., est le nom d'une ville et d'un vaste pays dans la Transoxiane; cette ville est située sur la frontière du pays de Turkistan, dans la partie de la Transoxiane qui est voisine (du pays) des Ephtalites, vers l'Orient, à la droite du chemin qui conduit dans le pays turk, à cinquante farsakhs de Samarkand; on y comptait quarante mosquées, et Khodjand dépendait du district dont cette ville de Farghana était la capitale. Farghana n'est autre que la cité moderne de Khokand, entre Khodjand et Namangan, à 225 kilomètres environ de Samarkand, ce qui représente bien les cinquante farsakhs qui, d'après Yakout al-Hamawi, la séparaient de Samarkand; Ibn al-Fakih prétend que cette ville fut fondée par Khosrau Anoushirwan, qui la nomma Azharkhana; Istakhri dit que Farghana est un district où se trouvent beaucoup de villes et de villages, dont la capitale était Akhsikath; Khokand, Andidjan, Marghilan ou Marghinan, Ouzkant, « la ville fondée par les Ghouz », faisaient partie de cette contrée de l'Iran oriental; Shihab ad-Din al-'Omari, dans le *Masalik al-absar* (*Notices et Extraits*, XIII, 234, 260), dit que la grande province de Farghana comprenait Marghinan, Andigan (= Andidjan), Oush, Ouzkand; sa capitale, au commencement du XIVe siècle, était Akhsikath, sur les bords du Saïhoun, ou fleuve de Shash, autrement dit du Syr-Daria, un peu au Nord, à environ un farsakh, des montagnes; d'après Yakout, les coordonnées de cette ville sont L 94°, λ 37° 30'; ramenée aux coordonnées de Paris, la latitude de 94° à partir des Canaries, soit 74° à l'origine de Paris, place Akhsikath à Narynsk, sur le Narin-ghol, mais l'on sait qu'il ne faut pas attribuer une valeur absolue à ces indications géodésiques, lesquelles sont souvent données par Yakout sous une forme erronée. Baber, qui connaissait bien le pays, situe Akhsikath à neuf *yighadj* dans l'Ouest d'Andidjan, sur le Saïhoun = Syr-Daria (page 5), en un point du 71° méridien oriental de Paris, au pied, en effet, des montagnes du Tchoumghal Tagh, à deux cents kilomètres environ de Khokand, par le fleuve. Le fleuve dont parle Tabari est l'Oxus, l'Amou-Daria, qui coule au Sud, et dans une direction presque parallèle

Le récit de la prétendue conquête de Kashghar se présente dans Tabari sous les espèces de deux narrations très différentes, qu'il importe de discriminer, ce que le texte du *Kamil fil-ta'rikh* d'Ibn al-Athir ne permet point de faire : « 'Ali ibn Mohammad, dit Tabari, dans le premier aspect de cette légende, rapporte qu'Abou Mikhnaf a raconté, le tenant de son père, ceci : Kotaïba envoya Kathir, fils d'un tel, à Kashghar; ce personnage y fit quelques prisonniers, auxquels il mit des carcans, de ceux qu'Allah livra aux mains de Kotaïba; puis, Kotaïba battit en retraite, et ce fut alors que ses troupes apprirent la mort d'al-Walid (I). » Les choses se passèrent tout autrement, si l'on en croit la seconde version, que 'Ali ibn Mohammad rapporte d'après le récit de Yahya ibn Zakaria al-Hamdani, selon ce que lui racontèrent plusieurs shaïkhs du Khorasan, et al-Hakam ibn Osman : « Yahya ibn Zakaria al-Hamdani, dit spécialement 'Ali ibn Mohammad, a rapporté ceci : un shaïkh du Khorasan m'a raconté que Kotaïba s'avança très loin, jusqu'à ce qu'il s'approchât de la Chine. Il a dit, le roi de la Chine lui écrivit : « Envoie vers nous un homme « choisi parmi les nobles de votre nation, pour qu'il nous ap-

au Syr-Daria, qui traverse le Soghd, l'ancienne Soghdiane. Syr est la réduction du perse Suguda, nom de la satrapie achéménide de Soghdiane, lequel se retrouve dans Σεκυδιανό; (Ctésias, *De Rebus persicis*, 45, 46), qui est dans l'Avesta Sughdha; à cette forme, qui est un nominatif masculin, correspondait un féminin 'Sugudi, de même qu'au mot zend Sughdha correspondait une forme féminine 'Sughdhi; ces noms féminins de la province de Soghdiane ne se sont pas conservés dans les textes; le premier se retrouve dans Σεκυδιανό; (Ctésias, *De Rebus persicis*, 45, 46), qui est 'Sugudyàna; 'Sughdhi est le thème du nom grec de la satrapie, Σογδιανή, qui est 'Sughdhyànà, ou 'Sug(u)dyànà, et dans Σογδιανός, doublet de Σεκυδιανός, qui est 'Sughdhyàna, ou Sug(u)dyàna. Suguda est devenu Syr par le changement de *d* en *r*, ce qui est un phénomène normal de la phonétique du persan d'Asie Centrale, de *g* en *y*, dont il serait facile de citer de nombreux exemples. Kotaïba, ou le détachement qu'il envoya sur Kashghar, marcha dans la direction de cette ville par la route Marghilan-Andidjan-Oush, qui est celle que suivent les Musulmans, commandés par les 'Alides, dans le récit de l'expédition de l'imam Mohammad Ghazali; ce n'est donc pas en partant de Farghana-Khokand que Kotaïba traversa le Grand Fleuve, puisque Farghana-Khokand est entre le fleuve et Kashghar; il franchit l'Oxus avant d'arriver à Farghana, venant probablement de Tashkant.

(1) بعث قتيبة كثير بن فلان الى كاشغر فسبى منها سبيا فختم اعناقهم ممّا أفاء الله على قتيبة ثم رجع قتيبة وجاءهم موت الوالد , page 100.

« prenne qui vous êtes, pour que nous l'interrogions sur votre
« religion (1). » Kotaïba choisit dans les rangs de son armée

(1) حدثنى شيخ من اهل خراسان قال وغل قتيبة حتى قرب من
الصين قال فكتب اليه ملك الصين ان ابعث الينا رجلا من اشراف
من معكم يخبرنا عنكم ونسائله من دينكم, page 100. Il est impossible de
déterminer d'une façon précise et certaine ce que le shaïkh du Khorasan,
autorité dernière de Tabari, entend par Sin; Sin peut être la Chine proprement dite, l'empire des Thang; ce mot peut également désigner le royaume
des Ouïghours, ou même toute l'Asie Centrale, à l'Ouest de l'Ouïghourie, jusqu'à Kashghar, les plaines dans lesquelles erraient les clans des Turks; il est
certain que les Musulmans, tout à la fin du x⁰ siècle, en 980, avaient pleine
conscience que Sin peut désigner le pays qui s'étend des frontières du Céleste
Empire aux marches de l'Iran, et que, comme dans l'Antiquité, Sin = Σήρ est
tantôt la Chine, tantôt l'Asie Centrale (*les Peintures des Manuscrits orientaux
de la Bibliothèque nationale*, 1914-1920, page 191). En 713, d'ailleurs, il est hors
de doute que la Chine, exactement comme aujourd'hui, commençait à Kashghar, et que c'était véritablement entrer en Chine que de passer les monts
Thian-shan; le Céleste Empire, sous le règne des Thang, avait bien d'autres prétentions, et la Chine considérait comme ses vassaux tous les souverains des villes
de la Transoxiane. Ce statut, cette conception de l'étendue de la souveraineté du
Fils du Ciel, remontaient à une date lointaine du ıᵉʳ siècle avant J.-C., lorsque
sous le règne de Wou Ti des Han, le général Li Koang-li fit la conquête de la
Soghdiane, et l'annexa aux possessions de son maître. Les chroniques chinoises
racontent qu'en 122 av. J.-C., Wou Ti envoya le célèbre Tchang Khien en
ambassade chez les Yué-tchi, pour attirer ces clans dans son alliance; l'officier
céleste arriva dans le royaume de Soghdiane, laquelle, à cette date, tournée
par les Sakas, était restée un domaine purement grec, et portait encore le nom
hellénique de οἱ ἄνω Ἰαονες « les Grecs de l'intérieur des terres, des hautes
terres », dont le chinois 大宛 Tai-yuan est, suivant l'habitude, une forme,
moitié traduction, avec 大 tai = ἄνω, moitié transcription avec 宛 yuan, rendant Ἰάων, qui est le nom des Grecs dans la littérature indienne, Yavana,
celui des Ioniens dans les inscriptions des Achéménides, Yauna. Les gens de la
Soghdiane fournirent à Tchang Khien les moyens de parvenir à Samarkand,
d'où on le fit passer dans le Farghana, chez les Yué-tchi; à son retour, au bout
de treize années d'absence, Tchang Khien parla longuement à l'empereur des
merveilles que recélait le royaume grec de Soghdiane, ce qui détermina Wou
Ti à renvoyer son ambassadeur dans les contrées lointaines de l'Occident, et
celui-ci établit des relations officielles entre la Cour Céleste, les contrées de
la Transoxiane, Samarkand, et le fond du Tarim. C'est à partir de cette époque
que date la continuité des relations diplomatiques et des rapports officiels de
l'empire chinois avec les pays du couchant; mais il n'y a point à douter qu'avant
cette date, il y eut entre ces deux mondes des relations certaines, comme le
montrent l'histoire de Hsi-wang-mou, et le fait qu'Ézéchiel, au vⁱᵉ siècle, parle
des סינים Sin-im, qui ne peuvent être que les Chinois, les Saêna de l'Avesta,
*Séna en perse, ce qui est le pluriel de Sin, qui transcrit admirablement le
chinois Thsin. En réduisant la légende de Hsi-wang-mou, comme le fait le

douze hommes, auxquels il donna comme chef Hobaïra ibn
al-Mashmaradj al-Kilabí, qui possédait une faconde extraor-

R. P. Wieger, ce qui me semble notoirement insuffisant (voir la *Revue de
l'Orient Chrétien* de 1909 et 1910), à une ambassade envoyée à la cour de
Mou Wang par un prince turk du Tarim occidental, il n'en reste pas moins
établi qu'elle trahit, vers l'an mil avant notre ère, des rapports évidents entre
les princes chinois et les peuples qui vivaient à l'est de l'Iran. Il n'est pas
impossible d'ailleurs que l'effroyable anarchie dans laquelle tomba la Chine
des Tchéou, en 209 avant J.-C., n'ait interrompu les relations de l'empire avec
l'Ouest, qu'elle n'en ait fait perdre jusqu'au souvenir, que Tchang Khien, à la fin
du second siècle, n'ait fait renaître un statut dont personne, parmi ses contemporains, n'avait plus connaissance, en grande partie parce qu'il reposait surtout
sur des rapports commerciaux et des voyages de marchands, dont l'histoire
politique du royaume de Thsin, qui est devenue l'histoire chinoise, ne tenait
pas, et n'avait pas à tenir compte. Tchang Khien, entre autres merveilles,
rapporta de Soghdiane la vigne, dont il apprit aux Chinois à faire le vin, et il
fit à Wou Ti un tel éloge des chevaux soghdiens que ce prince envoya des
caravanes avec la mission de lui en ramener; mais, en 104, ses ambassadeurs
revinrent, et lui apprirent que les gens de Eul-shi (ou Xi-shi) = Ouratipa
avaient bien des chevaux magnifiques, mais qu'ils ne voulaient pas les vendre;
piqué au jeu, Wou Ti fit partir un officier avec 1000 lingots d'or et un cheval
en or, pour en acheter à n'importe quel prix au roi du pays; le roi grec, dit
l'histoire chinoise, n'y voulut point consentir 宛王不肯 ; l'officier de Wou
Ti se fâcha tout rouge, et remporta son cheval d'or 金馬, tandis que les
nobles grecs envoyaient au prince de la forteresse de Yuk = Oush, à la frontière orientale, l'ordre de se saisir de sa personne et de le mettre à mort 宛貴
人令其東邊郁成王遮殺. Furieux, pour se venger, Wou Ti décida la
conquête du royaume de Soghdiane; Li Koang-li fut mis à la tête de l'expédition; battu une première fois devant Oush, en 103, le général chinois s'empara
d'Ouratipa, en 102; il la fit détruire en vindicte de l'assassinat de l'ambassadeur
impérial, et il ramena mille chevaux soghdiens à son maître. En même temps,
comme résultat de ces événements, Wou Ti fit construire en Asie Centrale,
jusque vers Kutché et Aksou, des postes militaires qui réduisirent tout le pays
à sa dépendance. Les princes de l'Asie Centrale, ennemis jurés des Sassanides,
et en général de tout ce qui était occidental, réclamaient eux-mêmes la suzeraineté, le protectorat, de l'empereur jaune qui régnait à Tchhang-gan. En
631, Khang, l'ancienne Khang-kiu, Samarkand, dont les rois étaient des Yué-
tchi, c'est-à-dire des Turks, des Gotz, dont les habitants étaient bouddhistes et
mazdéens, demanda son annexion aux domaines du Fils du Ciel (Wieger,
Textes historiques, 1568); Thaï Tsoung déclina l'honneur; les Thang étaient
loin d'avoir la puissance militaire des Han dans ces provinces occidentales; il
allégua que Samarkand était bien loin; le fait n'empêche que les peuples d'au
delà de l'Oxus, jusqu'aux plaines de l'Asie Centrale, dans leur haine séculaire
contre l'Iran, préféraient la Cour chinoise à Ctésiphon. Le roi de Perse, il faut
bien le reconnaître, avait commis la maladresse insigne d'aller installer sa
capitale sur les ruines de Babylone, de continuer la monarchie chaldéenne aux
lieux mêmes où elle était tombée sous les coups de Cyrus et de l'armée

dinaire. Il les équipa magnifiquement, et il les envoya ainsi au roi de la Chine. Tabari parle longuement de la conduite étrange

iranienne, de se faire souverain occidental, de se désintéresser ainsi entièrement du sort des cités de l'Extrême-Orient, sur lesquelles avaient régné les princes achéménides, alors que, par une contradiction flagrante, il réclamait la possession de la Soghdiane et des marches du Djamboudwipa.

C'est un fait certain qu'en 635, les ambassadeurs de Kashghar, de Gharbanda = Tash-kourghan, de Koukiyar, s'en vinrent présenter à Thaï Tsoung les hommages de leur maître, et ces missions introduisirent le Nestorianisme dans le Céleste Empire. En 640, l'empereur annexa Kao-tchhang = Gutchen, qui, sous le nom de Hsi-tchéou, devint la capitale des possessions chinoises de l'Asie Centrale, laquelle s'étendait jusqu'à la ville de Karashahr. En 657, sous le règne de Kao Tsoung, tout le territoire des Turks occidentaux, les vallées des fleuves Ili et Syr-Daria (Yaxartes), Tashkant, Khodjand, fut, pour un temps, annexé aux domaines du Céleste Empire, tandis que Sou Ting-fang allait capturer dans le royaume de Tashkant 石國 le khaghan des Turks, qui avait pris la fuite devant lui, et s'était sauvé de Toghmakh ; l'année suivante, la capitale de la terre d'empire d'Asie Centrale fut transférée de Gutchen à Kutché, à six cents kilomètres dans l'Occident, et en 661, tout le Tarim fut définitivement annexé aux possessions du Fils du Ciel, sous les espèces de huit *fou* et de soixante-seize *tchéou*, avec Khotan, Yarkand, Kashghar, que les Tibétains lui enlevèrent en 670, ainsi que Kutché, la capitale des gouvernements de l'Asie Centrale. En 700, les Tibétains furent battus par les Chinois, et ils demandèrent la paix, qui fut signée deux années plus tard.

Il n'en reste pas moins certain qu'en 715, en cette même année de la prétendue conquête de Kashghar par les Musulmans, les Chinois avaient rétabli leur autorité sur les districts occidentaux de l'Asie Centrale, puisque, à cette date, Kouo Khien-koan était résident à Kutché, et fit soumettre par Tchang Hiaosoung huit royaumes de l'Asie Centrale, qui refusaient de reconnaître l'autorité du Fils du Ciel.

Sur ces entrefaites, les Tibétains pénétrèrent dans le royaume de Farghana, qui avait marqué la limite extrême de la conquête arabe ; le roi du pays, convaincu que les Musulmans ne disposaient point de forces suffisantes pour arrêter les envahisseurs, s'enfuit à Kutché demander aide et secours au résident chinois ; ce dignitaire lui envoya une armée de dix mille hommes originaires de l'Asie Centrale, encadrés par des officiers chinois, sous le commandement de Tchang Hiao-soung, qui pénétra dans les vallées du Yaxartes et de l'Oxus, s'empara de cent villes, et menaça les Musulmans sur leurs positions précaires. Si bien, qu'en 719, Toghshada, roi de Boukhara, Narayana, roi de Koumiz, Ghourak, prince de Samarkand, tous les trois bouddhistes, envoyèrent demander au Fils du Ciel une aide militaire, qui leur permit de se débarrasser des conquérants venus de l'Ouest, tandis que Tish, roi de Tchaghanian, faisait partir pour la Cour impériale une ambassade conduite par un dignitaire du clergé nestorien ; tous ces princes protestèrent de l'ancienneté de leur soumission aux ordres et aux commandements des souverains de la terre de Han ; Narayana, pour mieux faire agréer sa requête, rappela que son arrière-grand-père, cent vingt années plus tôt, à la fin des Soeï, servait déjà fidèlement la Cour impériale. Le royaume des Ouïghours, sans nul doute, les principautés

que tinrent ces douze officiers, dans un style, avec des détails,
qui tiennent beaucoup plus de la chanson de geste, du genre

occidentales de l'Asie Centrale, tolérèrent toutes les formules religieuses, comme
toutes les contrées qui ont été converties aux dogmes de la foi de Sakyamouni ;
le Bouddhisme est une religion qui a des qualités éminentes, de très grands
mérites ; elle incite ses sectateurs à la plus grande humilité, à l'humilité
suprême, à pousser jusqu'à ses limites dernières l'amour de tout être vivant.
Mais c'est un fait certain qu'elle a affadi les âmes et énervé les esprits de ses
disciples, qu'elle les a amenés, de renoncement en renoncement, à l'indifférence
absolue en matière religieuse, en matière politique. Les Bouddhistes, comme
les Soufis persans, comme Djalal ad-Din Roumi, dans une histoire célèbre du
Masnawi, tolèrent toutes les formes religieuses, parce qu'ils y voient les aspects,
divergents aux yeux du vulgaire, d'un culte unique rendu à l'Âme du monde.
Ce fait explique pourquoi et comment les Manichéens, les Nestoriens, les
Musulmans, furent accueillis dans les cités bouddhiques de l'Asie Centrale,
comment, jusqu'à l'époque mongole, et bien plus tard, l'Islamisme, le Bouddhisme, le Christianisme, sous ses deux aspects du Nestorianisme et du Manichéisme, vécurent simultanément à Tourfan, à Ouroumtchi, dans les cités de
l'Asie Centrale, tout comme au xxᵉ siècle, les sectateurs de Sakyamouni, les
Musulmans, les Orthodoxes, se coudoient dans les rues de Kazan. * Séna-pati
« le roi du pays de Sin, de l'Asie Centrale ou de la Chine », est devenu Sinbad
en persan moderne, que la graphie arabe représente par سنباد ; ce nom propre
est essentiellement différent de ceux de Sindbad et Hindbad, les سندباد et
هندباد des *Mille et une Nuits:* Sindbad est une forme sanskrite Sindhu-pati
« le roi du Sindh » ; Hindbad est la forme perse * Hindu-pati « le roi de l'Inde ».
Sindhu et Hindu sont les doublets d'une forme hindoue *sindhu* « rivière », qui
désigne l'Indus, le « Fleuve » par excellence. Sindh et Sind en sont la forme
moderne ; Hind, l'aspect persan ; Sind, dans la littérature musulmane, désigne
les contrées occidentales du Djamboudwipa, limitrophes de l'Iran ; Hind, par
un avatar inattendu, l'Inde gangétique, Vilayat ولايت désignant tous les
pays à l'ouest de l'Indus, la Perse, l'Europe ; le destour Djamasp Vilayati, qui
est célèbre dans les fastes du Parsisme, a été nommé ainsi par les Mazdéens de Bombay, parce qu'il est venu de Perse, d'une contrée appartenant à
l'Europe d'au delà de l'Indus. L'*à* des noms arabes Sindbâd, Hindbâd, Sinbâd,
transcrit très régulièrement, par suite du phénomène de l'*imalè,* les formes
persanes Sindbâd, Hindbâd, Sinbâd ; on comparera Bidpâi, venant du sanskrit
Védapâti, مهتار *mahtâr,* transcrivant le persan *mahtâr* مهتر ; خانة *khâná*
rendant le persan *khâná* خانة. En fait, Sinbad, Sindbad, Hindbad sont exactement synonymes ; il n'y a pas à douter que les Persans, et même les Arabes,
n'aient eu pleinement conscience que Sindbad et Hindbad signifiaient « *le* roi du
Sind, *le* roi de l'Inde », puisque dans les *Mille et une Nuits,* ces noms ne
figurent jamais sans l'article, الهندباد, السندباد ; ce ne sont pas des noms
propres, comme Mohammad, Antar, Tarafa, mais des sortes d'adjectifs, des
formes à sens adjectival ; c'est dans le même sens que les Arabes donnent à
l'une des deux Marw le nom de مرو الشاهجان, pour مرو الشاهجان « Marw,
la reine du monde », en prenant *shah-djihan* comme un seul mot, comme un
adjectif qualificatif de Marw. De plus, les Iraniens comprenaient sous le nom de

de l'*Orlando Furioso*, que de la manière historique. Le roi de la Chine s'enquit auprès de Hobaïra du sens de ces bizarreries, et se déclara satisfait des explications que lui fournit ce hâbleur; puis il lui demanda ce que voulait son maître : « Kotaïba, dit-il, a juré de ne pas évacuer Kashghar avant « d'avoir foulé votre terre aux pieds, avant d'avoir enchaîné vos « rois, avant que vous ne lui ayez payé un tribut. — Qu'à cela ne « tienne, répondit le roi de la Chine; nous lui donnerons la « manière de se relever de son serment. Nous lui ferons porter « une certaine quantité de la terre de notre empire, et il la fou-« lera aux pieds; nous lui enverrons plusieurs de nos fils, et il « les chargera de liens; nous lui adresserons un tribut dont il se « montrera satisfait. » Le souverain de la Chine se fit apporter un plat creux en or dans lequel se trouvait de la terre, et il le lui fit porter, avec de la soie et de l'or, en même temps qu'il lui faisait conduire quatre jeunes hommes choisis parmi les fils de rois; après quoi, il accorda aux ambassadeurs musulmans leur audience de congé, et il leur fit des présents splendides. Ils se mirent en route, portèrent à Kotaïba les objets dont ils étaient chargés, et ils lui conduisirent les personnes que le roi de la Chine lui envoyait. Le général musulman agréa les présents; il chargea de fers les jeunes hommes, puis il les renvoya à leurs parents; enfin, il foula aux pieds la terre qui se trouvait dans le plat d'or (1). »

Saêna = Thsin = صين, tous les pays qui s'étendaient à l'est de leurs domaines, tout comme les gens de l'Inde désignent par *vilâyat* la Perse, l'Italie, l'Angleterre. Saêna signifiait notamment les provinces occidentales de l'Inde, et même des pays iraniens, le Gandhâra, le pays de Kaboul, qui, sous le nom d'Inde blanche, étaient des foyers de Vishnouïsme et de Bouddhisme, particulièrement haïs des Mages. L'existence de ces doublets, Habil-Kabil, Mousa-Isa, Djoudj-Madjoudj, Djabalasa-Djabalaka, est un phénomène onomastique connu; sur le sens de Sin, voir *Notes additionnelles*, page 111.

قال إنّه قد حلف أنّ لا ينصرف حتى يطأ أرضكم ويختم ملوككم (1) ويعطى. الجزية قال فإنّا نخرجه من يمينه نبعث إليه بتراب من تراب أرضنا فيطاه ونبعث ببعض أبنائنا فيختمهم ونبعث إليه بجزية يرضاها قال فدعا بصحاف من ذهب فيها تراب وبعث بحرير وذهب وأربعة غلمان

Ce récit plaît comme un conte des *Mille et une Nuits;* il ne serait point déplacé dans l'*Anvar-i Sohaïli,* ou dans l'un de ces romans persans, où la Chine, dont les sujets du Roi des Rois ne connaissent rien, pas plus que les Arabes d'ailleurs, est peinte sous les couleurs fallacieuses d'un pays charmant, aux frontières vagues et mal délimitées, peuplé de beautés aux appâts séduisants, où tout revêt un aspect de féerie, de décor de théâtre, de paradis artificiel. Il est douteux que le récit du prince des historiens arabes ait beaucoup plus de réalité que ces inventions délicates où se reconnaissent le talent et la poésie des artistes iraniens. La Chine, à cette époque lointaine, jouait dans l'Islam le même rôle que l'« Orient » à Londres, à Rome, à Paris, l'« Orient » que l'on regarde toujours, et que l'on ne cesse de voir, à travers le prisme magique de la version par Galland des *Mille et une Nuits,* sans laquelle il n'y aurait pas eu d'Orientalisme, dont la lecture fallacieuse, durant des siècles, fera croire au vulgaire que les terres arides de l'Islam voient couler la source intarissable de jouissances infinies, de richesses incalculables et fantastiques.

Il est visible que ce récit est une galéjade destinée à masquer un échec grave des Musulmans, qui n'étaient pas capables de prononcer une offensive contre l'Asie Centrale, encore bien moins d'aller convertir l'empire des Thang à la foi de l'Islam, à dissimuler le dépit que les généraux des Omayyades éprouvèrent de ne pouvoir fouler aux pieds ces terres d'Extrême-Orient, qui avaient été soumises au sceptre de Darius.

La première version de cette prétendue conquête de Kashghar, que proclame Ibn al-Athir, au commencement de la quatre vingt-seizième année de l'hégire (1), se réduit, dans le récit d'Abou Mikhnaf, rapporté par Tabari, à un raid de cavalerie, que Kotaïba ibn Mouslim lança d'Andidjan, ou de la ville d'Oush, contre Khotan, lequel fit quelques prisonniers au long de la frontière chinoise; le général musulman se donna le plaisir

من ابناء ملوكهم ثمّ أجازهم فأحسن جوائزهم فساروا فقدموا بما بعث

به فتبل الجزية وختم الغلمة وردهم وطى التراب, p. 101.

(1) Édition Tornberg, t. V, p. 1.

sans danger de les charger de fers, et l'attaque contre le Tarim en demeura à ce point. Il n'est point prouvé que les troupes de Kotaïba occupèrent Kashghar; il est certain, si elles y ont pénétré, qu'elles n'y restèrent pas longtemps, comme le montrent assez la narration d'Abou Mikhnaf, et ce fait que ni Baladhori, dans son histoire des conquêtes de l'Islamisme, ni Yakout al-Hamawi, dans son dictionnaire géographique, ne font la moindre allusion à cette prise de Kashghar, qu'ils n'eussent point manqué de mentionner, et de célébrer, si cette ville lointaine, en cette année quatre-vingt-seize de l'hégire, était tombée au pouvoir de l'armée de Kotaïba ibn Mouslim.

La seconde version de la prise de Kashghar, dans l'histoire de Tabari, est des plus suspectes; elle porte dans sa rédaction des preuves multiples et tangibles du mensonge de ceux qui l'ont inventée, soit pour dissimuler l'échec des armés de l'Islam, soit pour satisfaire une fantaisie toujours prête aux exagérations les plus extravagantes, quand il s'agit du Céleste Empire. L'autorité du shaïkh khorasanien, sur laquelle se fonde Yahya ibn Zakaria al-Hamdani, pour raconter la grande mortification du roi du pays de Sin, est assez contingente; on s'étonne presque que Tabari, qui a choisi ses sources et ses références avec un soin si jaloux, ait fait état de l'affirmation romantique d'un personnage inconnu, qui vivait dans le Khorasan, à quelque trois cents lieues de Farghana, dans un pays très éloigné de ces contrées orientales de la Transoxiane, qui s'étendaient aux confins des domaines du Fils du Ciel.

Je ne m'étendrai point sur les invraisemblances, sur les impossibilités, sur les inconvenances des faits et gestes des ambassadeurs de Kotaïba à la cour du roi de Sin, que Tabari a pris le soin de relater dans leurs moindres détails (1). Des envoyés officiels, choisis pour leur discrétion et leur tact, ne se conduisent pas d'une telle façon à la cour d'un puissant monarque; ils ne lui parlent pas en rébus et en charades; sans doute, ils

_____

(1) Il n'est point question à cette date d'une ambassade des Arabes à la capitale céleste, dans les annales chinoises; la première qu'elles signalent, et dont elles fassent mention, se place en l'année 726; elle fut caractérisée par ce fait que les envoyés de Kotaïba se prosternèrent suivant les rites devant la majesté de l'empereur Thang.

peuvent se draper dans la dignité dont la confiance de leur
maître les a investis, lui parler avec réserve, avec hauteur
même, mais l'inconvenance, en diplomatie surtout, connaît des
bornes. Si pleutre que fût l'empereur Thang, il n'y a guère à
douter qu'il n'aurait fort mal pris, à Hsi-ngan-fou, les inadmissibles prétentions du barbare qui, au pied des monts qui encerclent
le Takla Makan, à près de mille lieues de Tchhang-gan, à la tête
d'un détachement de cavalerie, se serait décidé d'humilier la
puissance impériale par un geste puéril, sans portée militaire,
sans conséquences politiques, par une insolence gratuite et
absurde. Kao Tsoung, sans nul doute, protégé par l'immensité
de l'Asie Centrale, eût fait décapiter les audacieux qui auraient
eu l'impudence, en son palais, de lui venir parler un semblable
langage, sans compter que le récit du shaïkh du Khorasan porte,
tissée dans sa trame grossière, la preuve flagrante de son invention et de son mensonge. A l'époque des Thang, au commencement du viiie siècle, il y avait beau temps qu'il n'existait plus
de rois *wang* à la Chine (1), mais uniquement un empereur *li*,
qui régnait sur une noblesse de feudataires dont les sinologues
traduisent approximativement les titres par ceux de ducs, de
marquis, de comtes, sans qu'il faille voir dans cette terminologie
choquante autre chose qu'une approximation, destinée à faire
comprendre au public le sens d'une hiérarchie nobiliaire qui n'a
rien de commun avec celle de l'Occident, pas plus que le tchin
de la maison de Holstein-Gottorp.

Et l'on avouera que le farouche Kotaïba ibn Mouslim aurait
fait preuve d'un caractère accommodant, d'une longanimité
dont les chefs musulmans n'étaient guère habitués à donner
l'exemple, qu'il se serait inspiré des principes d'une casuistique
plus que facile, s'il s'était béatement contenté des apparences
de satisfaction que lui donnait le roi de la Chine, du tour de
passe-passe par lequel le Fils du Ciel, en lui envoyant des pages

(1) Il est visible que l'historien arabe entend bien parler du souverain chinois,
non des petits princes de l'Asie Centrale, ses vassaux, il s'agit d'un monarque
très puissant, et non d'un principicule de Khotan ou de Karashahr; il ne faut
donc pas comprendre que Kotaïba avait juré par le Prophète d'humilier les rois
du Hsi-yu, mais bien l'empereur chinois, et les princes de la famille impériale,
qui portaient le titre de *wang*, si tant est que les Musulmans connussent ce statut.

du palais au lieu de rois, pour se tirer d'une situation qui n'offrait guère de dangers pour lui (1). Kotaïba, au delà de Kashghar, aurait été bien empêché de poursuivre son offensive à travers les sables du Takla-Makan, par Khotcho, ou par Lob, s'il avait plu à Kao Tsoung de se débarrasser de ces parlementaires insolents, ou de les faire tranquillement reconduire à Kouo Khien-koan, qui commandait à Kutché, ou au roi de Khotan, qui les auraient remis à leur général. On sait d'ailleurs, par l'histoire chinoise, qu'en l'année 726, un ambassadeur arabe arriva à Tchhang-gan, et se prosterna devant la majesté du Fils du Ciel, ce qu'il n'aurait évidemment point fait, si Kashghar et la partie occidentale du Takla Makan eussent été une « conquête », au sens musulman, du khalife omayyade de Damas.

La réalité est tout autre, et l'on s'étonne que Tabari ait enregistré cette puérilité, ce conte de nourrice, dans ses annales, alors qu'il n'y avait, au point de vue militaire, aucune honte à avouer, à reconnaitre, qu'il ne pouvait être question pour les Musulmans d'attaquer le Céleste Empire et de le convertir aux vérités de l'Islamisme, en faisant occuper Kashghar par un détachement de cavalerie, qui poussa un raid audacieux dans la steppe, au pied des monts Thian-shan, et qui se replia sur ses bases, après avoir occupé durant quelques heures la ville la plus occidentale de l'empire chinois, sans avoir jamais compté que cette vaine tentative d'intimidation aurait le moindre effet sur l'esprit du monarque qui régnait à Hsi-ngan-fou.

Ce furent les Turks Karlouks du célèbre Satok Boghra Khan, qui vivaient dans l'Ili (2), dans l'ancienne patrie des Turks occidentaux, qui, aux environs de l'année 960, introduisirent l'Islam à Kashghar, et ce fut également vers la fin de ce x⁰ siècle que les Ouïghours commencèrent à professer la religion musulmane, car c'est en l'année 1124 que la transcription de leur nom

---

(1) Un général musulman, arrivant victorieux devant une ville qui ne peut se défendre, n'a que deux solutions à lui proposer, pour lui éviter le massacre de sa population : ou de se convertir à l'Islam, ou de payer le tribut annuel ; il ne saurait se contenter de cette monnaie de singe, qui rappelle les offrandes de trésors en papier doré, que les Chinois, et tous les peuples qui ont adopté leur civilisation, font aux esprits de leurs morts.

(2) L'Ili avait été converti par Boukhara et Samarkand qui, elles, avaient été conquises.

回回 Khouïghour, paraît dans les annales du Céleste Empire comme qualificatif générique des sectateurs du Prophète.

Jamais les Sunnites, à partir du commencement du VIIIe siècle, n'essayèrent d'imposer par la force l'Islam au Céleste Empire ; ils savaient pertinemment que c'était là une tâche impossible, au-dessus des forces humaines ; la conquête de la Chine, en partant des provinces orientales de l'Iran, est une opération irréalisable, ce dont les Célestes ont toujours été convaincus. Tamerlan, tout au commencement du XVe siècle, conçut le dessein de conduire une armée à la Chine, pour renverser les Ming, qui avaient détrôné les Yuan, dont il était l'héritier, au moins au point de vue politique, si tant est qu'il n'avait point de sang mongol dans les veines ; la mort l'arrêta à l'heure où il venait de traverser le Syr-Daria, et ce fut là un événement fâcheux, car l'histoire militaire du monde perdit en l'occurrence une occasion, qu'elle ne retrouvera jamais, de savoir si les provinces de l'Ouest du Céleste Empire sont accessibles, à travers l'Asie Centrale, à une armée venant du plateau de l'Iran.

Les conquérants arabes, qui n'étaient cependant point habitués à tourner bride devant les obstacles, qui ne manquaient pas d'audace, en jugèrent tout autrement, et ils répondirent à la question par la négative ; tout porte à croire qu'ils le firent en pleine connaissance de cause, et qu'ils se rendirent compte qu'une pareille expédition était l'impossibilité même ; ils se contentèrent de s'infiltrer lentement, par voie d'émigration, ou plutôt d'immigration pacifique, à travers l'immensité du Tarim et du Takla Makan, dont la conquête était possible, mais aurait coûté plus cher qu'elle ne valait ; l'on ne connaîtra jamais les modalités de cette pénétration qui se prolongea durant des siècles, sans arriver à un résultat bien tangible, sans produire d'autre effet que des conversions isolées, qui n'ont jamais changé le statut politique de l'Asie Centrale, encore bien moins celui des provinces de l'empire chinois.

Il n'en alla pas de même avec les Shiïtes, et le fait se comprend sans difficulté ; les Shiïtes, après la mort d'ʿAli, sous le Khalifat des Omayyades de Damas, des Abbassides de Baghdad, se trouvaient exactement dans la même situation que les

Manichéens en Perse, sous le règne des Sassanides, ou sous la domination des successeurs de Mahomet; cette situation fut intolérable; la vie leur fut matériellement impossible dans les deux Irak, dans les provinces de l'Iran. Comme l'avaient fait les Manichéens, ils durent se résigner à aller chercher la sécurité tutélaire d'une tolérance relative dans ces contrées de l'Extrême-Orient, où les disciples du Chrétien zoroastrien avaient trouvé un asile assez sûr contre les persécutions qu'ils avaient subies dans l'Asie antérieure et en Perse.

Mais ce statut, qui était suffisant, dont on pouvait se contenter, ne satisfit pas les Shiïtes; ils voulurent plus; ils réclamèrent ce que les Manichéens n'avaient jamais songé à demander; ils firent preuve d'un manque de tact et de psychologie radical et absolu : les sectateurs de Mani ne s'étaient pas imposés par la violence; ils n'avaient point cherché à supplanter le Bouddhisme et le Christianisme, qui régnaient tranquillement, avec un peu de Zoroastrisme, avec même quelques souvenirs confus des cultes helléniques du royaume grécobactrien (1), dans les espaces indéfinis qui séparaient les marches du Céleste Empire des frontières de la terre d'Iran.

Ils avaient tout fait, au contraire, pour que les pouvoirs publics, en Perse, comme dans les provinces soumises à l'obédience de la Chine, ne les pussent discriminer des sectes autorisées à vivre dans les contrées où ils cherchaient à propager leurs singulières doctrines de nihilisme et de bouleversement de l'ordre social. Ils s'inquiétaient peu d'être tolérés, moins encore d'être reconnus officiellement, pourvu qu'en empruntant l'aspect et la tenue des confessions étrangères aux royaumes dans lesquels ils voulaient introduire et faire vivre leurs théories insanes et insensées, étrangères mais autorisées,

(1) Vers Tchisak, entre Samarkand et Tashkant (Wieger, *Textes historiques*, 1569), dans l'Ishtikhan, se trouvait une cité nommée Ourkand (en prononciation moderne Ué-kan-ti), qui est une Ouzkand = Ghouzkand « fondée par les (Turcs) Gotz », par rhotacisme; on y faisait tous les jours un sacrifice à un esprit céleste, nommé Tétsil (en prononciation moderne Té-si) = Tétsir = Tétsis, par rhotacisme = Tézis, ce qui, manifestement, transcrit Zeúc, discriminé en D-s-eu-s, comme le sanskrit Gandhâra a été discriminé en Kandahâr par le persan moderne, le nom de la province indienne de Bhâra, en Bahâr, par l'hindoustani.

on les laissât libres de réaliser le plan de démolition qu'ils
avaient conçu. Ce fut ainsi, en se dissimulant sous des apparences fallacieuses, empruntées aux Nestoriens, qu'ils parvinrent à se réfugier dans une ombre propice, lorsque leurs
imprudences et leurs excès leur eurent aliéné la confiance des
monarques que leurs doctrines avaient séduits.

Vers 280, le roi sassanide de Perse, Bahram II, fils de
Bahram Ier, fils de Sapor, qui, au début de sa souveraineté,
avait éprouvé un secret penchant pour le Christianisme, s'aperçut que les Manichéens, qui se disaient Chrétiens, qui s'habillaient à la mode des sectateurs du Messie, méprisaient le
mariage et honnissaient la vie conjugale, tout comme le faisaient
le Métropolite et les évêques. Chez les Nestoriens, comme
chez les Orthodoxes, le Métropolite et les évêques étaient du
clergé noir, et ne pouvaient convoler en justes noces; les prêtres
ordinaires et les fidèles n'en étaient nullement empêchés; ils
ne s'en privaient point; les prêtres séculiers y étaient même
contraints, comme en Russie. Les pratiques malthusianistes
des Manichéens étaient monstrueuses aux yeux d'un prince
auquel sa Loi, l'Avesta, imposait comme devoirs essentiels le
mariage et d'avoir autant d'enfants qu'il plairait à Ormazd de
lui en envoyer pour lutter contre la création démoniaque d'Ah-
riman. Il ne faut point oublier, dans ce passage, que c'est un
auteur nestorien qui parle, et son témoignage est extrêmement
curieux et important. Le roi s'imagina, trompé par ces apparences
mensongères, que les deux religions, Manichéisme et Christianisme, n'en faisaient qu'une seule, et qu'elles s'accordaient
sur le dogme. Il ordonna de tuer les Manichéens, et de détruire
leurs églises. Les Zoroastriens se mirent alors à massacrer les
Chrétiens, sans les distinguer des fidèles de Mani. Les Chrétiens se plaignirent au roi Bahram de la persécution qu'ils
enduraient, et le roi désira connaître les différences d'état qui
discriminaient les deux sectes. Les Chrétiens répondirent que
les Manichéens s'habillaient exactement comme eux, pour se
dissimuler. Bahram agréa leur réponse, et il donna l'ordre qu'on
ne les persécutât pas plus longtemps (1).

(1) *Histoire nestorienne*, publiée par Mgr Addaï Scher, évêque de Séert au
Kurdistan, dans la *Patrologia Orientalis*, IV, 237-239.

[15]

Quatre siècles et demi plus tard, en 732, à la Chine, sous le règne de Houan Tsoung des Thang, les Bouddhistes se plaignirent au Fils du Ciel que les Manichéens cherchaient à se faire passer pour des sectateurs de Sakyamouni ; les Manichéens étaient très mal vus dans toute l'étendue de l'empire ; aussi Houan Tsoung publia-t-il un édit condamnant cette secte de perversion, tout en ordonnant qu'on laissât libres ses disciples, sous le prétexte spécieux que leur croyance était celle des souverains des Barbares de l'Occident, c'est-à-dire des contrées de l'Asie Centrale, que le souverain céleste tenait à ménager.

Rebutés et déçus par les Bouddhistes, persécutés pour les avoir voulu singer, les Manichéens ne se tinrent pas pour battus, et ils se déguisèrent en Nestoriens ; mais treize années ne s'étaient pas écoulées, sous le règne de Houan Tsoung (745), qu'à leur tour, indignés, les Nestoriens, les mêmes qui s'étaient plaints à Bahram II, adressèrent au trône une requête, par laquelle ils demandaient instamment qu'on les distinguât des Manichéens et des Zoroastriens, dont ils avaient une horreur égale, qui cherchaient les uns et les autres à se faire passer pour des Chrétiens aux yeux des sujets du Fils du Ciel.

Les Shiïtes, moins prudents, plus ardents dans leur prosélytisme, voulurent tenter la grande aventure, et imposer l'Islam par la force et la violence ; ils furent écrasés ; des échecs répétés n'affaiblirent point leur ténacité ; ils ne purent venir à bout de leur obstination ; mais, durant des siècles, leurs efforts échouèrent là où le Sunnisme, plus cauteleux et plus diplomate, réussit à s'infiltrer lentement, par endosmose, sans grand succès d'ailleurs, à ces époques lointaines.

Contrairement aux théories officielles, ce n'était point le Bouddhisme, mais bien le Nestorianisme, et non le Manichéisme (1), qui régnait d'une façon presque absolue dans les

(1) Sous le règne de Thaï Tsoung des Thang (Wieger, *Textes historiques*, p. 1718), en 806, « la nation des Ouïghours était devenue officiellement manichéenne ». Cette affirmation ne se trouve dans aucun texte chinois ; les historiens du Céleste Empire n'ont jamais parlé, comme je m'en suis assuré, après des recherches très longues et très pénibles dans la savane touffue des chroniques impériales, de l'adoption, par la nation des Ouïghours, du Manichéisme comme religion d'état ; elle résulte, elle est le résumé des conclusions auxquelles sont arrivés, par une série de déductions ingénieuses, mais arbi-

cités de l'Asie Centrale, du vııı° siècle au milieu du xıı°; ce fut
à des Chrétiens nestoriens que se heurtèrent les Shiïtes dans

traires, les archéologues qui ont essayé d'interpréter l'inscription de Kara-
balghasoun. Cette interprétation ne tient pas devant la réalité des faits historiques; il est certain qu'en 768 et 771 l'empereur Taï Tsoung permit aux
Ouïghours d'élever dans son empire des temples manichéens sous le vocable de
la « Lumière qui brille dans le Grand Nuage » (*ibid.*, p. 1707 du texte); mais ce
Manichéisme des Ouïghours fut une mode passagère; elle dura peu, puisqu'en
965, leur souverain professait officiellement le Bouddhisme, comme je l'ai montré
dans l'introduction aux *Peintures des Manuscrits orientaux de la Bibliothèque
nationale*, 1914-1920, p. 205. Le khaghan des Ouïghours était tantôt bouddhiste,
tantôt manichéen, tantôt nestorien, suivant les temps. Il convient de ne pas
oublier qu'au xııı° siècle, trois confessions vivaient simultanément dans les cités
ouïghoures : le Bouddhisme, l'Islamisme, le Christianisme, dans lequel 'Ata Malik
al-Djouwaïni, qui nous fournit cette précieuse indication, dans son histoire des
Mongols, confond évidemment les deux formules ennemies du Nestorianisme
et du Manichéisme. Il est clair qu'avant que l'Islam ne fût arrivé à compter
dans les cités ouïghoures, les sujets du khaghan de Khotcho et de Besh-baligh
avaient le libre choix entre les deux aspects du Christianisme, le Nestorianisme
et la formule du Christianisme iranisé, mazdéisé, qui fleurit sous le nom de
Manichéisme, et le Bouddhisme. Il est certain que les textes qui relatent les
vaines tentatives des Shiïtes pour convertir à l'Islam les steppes du Takla
Makan parlent des Chrétiens ترسا et non des Manichéens مانوى ou المنانيّة.
On sait qu'en 719 (Wieger, *Textes historiques*, 1614), Tish, souverain du pays
de Tchaghanian (چغانيان, en arabe Saghanian صغانيان), envoya à la Cour
Céleste un certain Taï-moush, dont le nom se lit Ta-mou-sheu dans la prononciation chinoise moderne; ce Taï-moush était très versé dans l'astronomie, et
les interprètes de l'obscurité de l'inscription de Kara-balghasoun, suivis par le
R. P. Wieger (*ibid.*, 1644), tiennent essentiellement et absolument à voir en lui
un personnage manichéen. Rien dans les textes chinois qui mentionnent son nom,
aucun indice que l'on relèverait dans l'inscription mutilée de Kara-balghasoun,
ne vient confirmer, ni autoriser cette pétition de principes, qui repose sur une
pure interprétation de sentiment : « Le mot *Ta-mou-chee*, dit le R. P. Wieger
(*ibid.*, 1645), est-il le nom de cet homme, ou le nom de son office? Je n'ai pas
pu résoudre cette question. » Elle a son importance : *taï-moush* (voir plus haut
l'explication du nom du royaume grec de Taï-yuan) est un complexe hybride
chinois-persan, qui traduit littéralement une forme ἀρχάγων, participe actif
d'un verbe ἀρχάγω « marcher en tête, commander », exactement parallèle à
ἐπάγω-ἐπάγων, dont on trouve un substantif dérivé, dans le même sens, ἀρχηγός,
et ἀρχαγός, auxquels mots on comparera ἀρχᾶθεν, ἀρχῆθεν; ἀρχαγέτας, dans l'au-
sanias, ıı, 35, 12, est un surnom d'Esculape; ἀρχηγετεύειν est synonyme du verbe
ἄρχειν. La transcription de ce mot ἀρχάγων se trouve en mongol, sous la forme
ارکیغهد, dans le recueil des édits des empereurs de la dynastie Yuan, au
pluriel, en caractères hphags-pa, *erkéghod*, dont un singulier *erkéghon*, identique à la forme mongole, dans l'inscription d'un édit impérial de la Cour de
Daï-dou, en 1314. Cette forme *erkéghon* est pour *arkhégon:* elle présente la
singularité inusuelle de la transposition intégrale du consonnantisme et du

leur tentative d'imposer la foi musulmane aux peuples du
Hsi-yu, aux habitants de Kashghar, de Khotan, d'Aksou, de

changement de registre du vocalisme; ces phénomènes ont été produits par la
présence dans ce mot du *g* d'ἀρχάγων, qui, en mongol, ne peut porter un *a* ou un
o, et ne peut se prononcer qu'avec *é* ou *ü*; les Mongols tinrent à marquer le
son *ͻ* de *arkhagón*, ce qui les conduisit à changer *g* en *gh*, qui seul pouvait le
supporter; par diminution compensative, le passage de *g* à *gh* amena la
mutation de *kh* en *k*, lequel *k* ne pouvait porter un *a*, mais seulement un *é*,
ce qui amena le changement de l'*a* de *arkhagon* = *ʼurkäghon*, en *erkéghon*,
par la répercussion de l'-*é*- médial sur l'initiale. Au xiiiᵉ et au xivᵉ siècle, les
Chinois et les Persans ont régulièrement transcrit la prononciation mongole
de ce mot, les premiers, sous la forme *yé-li-kʼo-wan* = *erkéʼoun*, les seconds,
sous les espèces de la graphie arabe ارکاون, laquelle, en tenant compte de
l'*imalé*, correspond lettre pour lettre à la forme chinoise, dans une prononciation *erkéʼoun* ou *erkéʼun*, avec la chute régulière de la gutturale intervocalique.
Je n'insisterai point sur ce fait que le chinois *tai* (aujourd'hui *ta*) « supérieur »
traduit littéralement le grec ἀρχή, ou ἄνω (*Notes de géographie et d'histoire
d'Extrême-Orient*, dans la *Revue de l'Orient Chrétien*, 1900, pp. 71 et suiv.); *moush*
est *ʼmuč-a* « qui instruit », de la racine *muč* « dégager », l'instruction consistant
à dégager, à mettre en lumière, les idées réelles dans l'esprit de l'enfant, d'où
se trouve dériver le verbe persan *â-moukh-ton* « enseigner, apprendre »; la
forme simple, sans préfixe, de cette racine se retrouve dans le persan *mokh* ·
موخ « drapeau », qui est le perse *ʼmu(t)ch-a*, avec la dissimilation de *tch* en
sh, et l'évolution de *sh* en *kh*, qui se retrouve couramment en afghan, littéralement « ce qui marque la place où se trouve le chef ». Tai-moush signifie
donc « l'instructeur suprême, le chef de la loi », d'où ce titre, par diminution,
s'est réduit au sens de « celui qui enseigne les vérités de la religion, prêtre »,
puis « Chrétien nestorien ». Les dérivés du verbe ἄγειν, dans le sens de conduire à un but, d'enseigner, sont nombreux en grec : ἀγωγός, ἀγωγεύς, ἄκτωρ,
ἀγεόμενος, ἀγητήρ, εἰσαγωγή, παιδαγώγος, στρατηγός. Il faut donc comprendre que le
roi du pays de Tchaghanian envoya un « prêtre » en ambassade à la Chine,
et, de l'ensemble des textes dans lesquels se rencontre le mot *erkéghon*, sous ses
divers aspects, il résulte, d'une façon certaine, qu'il faut voir dans ce personnage un prêtre nestorien, et non un membre de la cléricature manichéenne,
dans la hiérarchie de laquelle *erkéghon* ne paraît pas. Ἄρχων se trouve dans la
langue liturgique des Syriens, sous les espèces de la graphie ܐܪܟܘܢ, qui est
l'hébreu talmudique אַרְכוֹן, et il représente un titre qui fut porté à la fois
chez les Nestoriens et chez les Jacobites monophysites; il paraît, sous la forme
de la transcription ارخن, au pluriel اراخنة, dans la continuation de l'*Histoire
des Patriarches d'Alexandrie* (voir *Patrologia Orientalis*, XIV, 448), pour désigner
les hauts dignitaires du clergé copte jacobite, en même temps que le participe
ἡγούμενος, ܐܝܓܘܡܢܘܣ, ايغومانص, qui se rattache à la même racine que ἄγειν.
Ἄρχων, ἀρχάγων, ἡγούμενος sont des termes essentiels de la hiérarchie nestorienne et jacobite, de même que le mot, au sens plus vague, ܩܫܝܫܐ, l'arabe
قسّیس, قَّش « celui qui fait paître son troupeau », tandis que ܡܫܡܫܢܐ « desser-

Yarkand, jusqu'à Khotcho (Tourfan), Khamoul, Pé-ting (Besh-baligh = Ouroumtchi). Le fait est certain, et il est facile d'en administrer des preuves décisives.

*
* *

La légende de la conquête de l'Asie Centrale par les imams shiïtes se trouve narrée dans plusieurs *tezkérè*, lesquels ont été écrits en turk-oriental, en une langue dure et barbare, vers le milieu du XVIe siècle, dans le pays de Kashghar et de Khotan, à l'époque où régnait dans ces contrées lointaines un descendant de Tchinkkiz Khaghan, 'Abd Allah, qu'il importe de ne pas confondre avec le sultan shaïbanide de la Trans-oxiane 'Abd Allah II, le plus célèbre des princes de la lignée d'Aboul-Khaïr, descendant de Dsoutchi, fils de Tchinkkiz Khaghan (1583-1598).

Ces *tezkérè* forment une geste étrange ; elle rappelle de loin les poèmes dans lesquels sont racontées les aventures merveilleuses des héros secondaires de l'épopée iranienne, le *Sam-nama*, le *Barzou-nama*, le *Garshasp-nama*, le *Bahman-nama*, le *Faramourz-nama*, le *Sousan - nama ;* leurs auteurs ont accumulé dans leur trame toutes les invraisemblances, et ils ne se sont laissé arrêter par aucune impossibilité (1). Ces livres sont

vant d'un culte », ܡܫܡܫܢܐ « adorateur du Feu, guèbre », شَمَّاس « diacre », en arabe, littéralement, « celui qui adore le Soleil », est un terme de la hiérarchie manichéenne, d'origine mazdéenne, qui a été introduit dans la terminologie nestorienne et jacobite.

(1) Khotan, dans ces livres, est nommée Tchin (et) Matchin چين ; ما چين Matchin, le sanskrit Mahàtchina, pour désigner la partie méridionale de l'empire du Grand Khan de Daï-dou, Tchin désignant le Khita, la Chine du Nord (man. supplément persan 1361, folios 186-187), ne se trouve qu'à partir de l'époque des Mongols ; ce nom de Chine, appliqué à Khotan par ses habitants, montre, d'une façon péremptoire, que, par Sin = Tchin, il faut, comme l'a reconnu l'auteur du *Kitab al-Fihrist*, entendre souvent, non le Céleste Empire, mais bien les contrées de l'Asie Centrale jusqu'à Kashghar, qu, d'après Tabari, est la ville la plus occidentale du pays que les Musulmans connaissaient sous le nom de Sin (voir p. 4). L'histoire de Dja'far as-Sadik, dans ses premières lignes, est attribuée à un personnage, auquel est donné le surnom de سلطان العارفين « Sultan al-'arifin « prince des Mystiques qui sont parvenus à la connaissance divine » ; Sultan al-'arifin, dans la littérature classique, désigne

très populaires dans ces contrées lointaines; ils sont aussi
précieux et chers aux Turks du Takla Makan que le *Livre des*

toujours Bayazid al-Bistami, mais il est évident que ce n'est pas de Bayazid al-
Bistami qu'il est question dans le *tezkéré* de l'imam Dja'far as-Sadik; ce titre
ne désigne point non plus Farid ad-Din 'Attar, qui le reçoit couramment (man.
suppl. persan 811); 'Attar, dans son *Tazkirat al-aulia*, a écrit la vie de Dja'far
as-Sadik, ou plutôt, il a réuni les sentences et les maximes qui sont attribuées à
ce Saint; il est inutile de dire qu'il n'y est nullement question des histoires fantastiques et fantaisistes qui se trouvent racontées dans le *tezkéré* de Dja'far
as-sadik; il n'en est pas davantage parlé dans le *Madjalis al-'oushshak*, qui
contient un recueil de biographies de Soufis et de personnages célèbres dans les
annales de l'Islam, et qui, au grand scandale de Baber, fut attribué à son
parent, le prince timouride du Khorasan, Sultan Hosaïn Mirza. Il est dit, au
cours du *tezkéré* de l'imam Dja'far as-Sadik, que son histoire était inconnue
avant qu'un personnage, nommé Khadja-i djihan ne fût venu en Asie Centrale,
au temps d''Abd Allah Khan, qui fit écrire la vie de Dja'far as-Sadik, d'après
les recherches opérées par Khadja-i djihan, par un certain Soubhan Koul. Il est
inutile de dire qu'il ne faut point voir dans ce passage le sultan shaïbanide 'Abd
Allah Ier, fils de Keutchkuntchi, qui régna en 1539 et 1540, ni le souverain de
cette même dynastie, qui gouverna de 1583 à 1598; il s'agit ici de Kashghar, et non
de la Transoxiane. Cet 'Abd Allah n'est autre que celui qui est nommé عبدو الله,
fils de Mansour مانك سور, dans la liste des souverains du Mogholistan oriental, descendants de Tchinkkiz Khaghan جنكيس خان, qui se trouve dans les
premières pages du onzième chapitre du *Hsi-yu-thoung-wen-tchi*. Si l'on en croit
cet ouvrage curieux, mais dont la rédaction trop rapide est souvent inexacte, les
derniers personnages de la lignée de Tchinkkiz Khaghan, à partir de Sultan
Younous يونوس, sont Sultan Ahmad أخمد; Sultan Sa'id سيد; 'Abd ar-Rashid
عبدو رشيد; 'Abd ar-Rahim عبدو رحيم; Baba Khan; Akbash; Sultan Ahmad
أخمد; Iskandar, fils d'Akbash; Mansour, fils de Sultan Ahmad; Kasim, fils
d'Iskandar; 'Abd Allah, fils de Mansour. Les sept premiers personnages, d'après
le *Hsi-yu-thoung-wen-tchi*, sont tous les fils les uns des autres, les quatre derniers
ne représentant au contraire que deux générations; cette affirmation est certainement erronée, et l'auteur chinois a manifestement compté, suivant l'habitude
de ses confrères en histoire, comme fils les uns des autres, des personnages qui,
notoirement, sont des frères; c'est là une façon commode qu'ont adoptée les
chroniqueurs du Céleste Empire pour établir sans grande peine leurs tableaux
généalogiques, quand ils se trouvent embarrassés; le fait est évident : dix-sept
années seulement se sont écoulées entre la mort de Sultan Younous, en 1486, et
l'avènement de Mansour (1503-1542), de telle sorte qu'il est manifestement impossible de placer neuf générations dans ce laps de temps; en fait, Sultan Younous
est le père de Sultan Ahmad, qui est le père de Mansour, qui eut pour fils 'Abd
Allah, et le *Hsi-yu-thoung-wen-tchi* a ignoré la filiation exacte des descendants de
Sultan Ahmad.

Tout ce qu'il convient de garder des affirmations erronées du *Hsi-yu-thoung-
wen-tchi*, c'est qu'un prince de la lignée de Tchinkkiz Khaghan, nommé 'Abd
Allah, vécut dans les contrées occidentales du Turkestan chinois, à une date

Rois l'est aux Persans; leur fantaisie a été brodée, à l'imitation de l'épopée iranienne, sur le canevas grossier de textes anciens écrits en ouïghour, du viiie au xiie siècle, sur des récits légendaires contemporains des événements dont ils narrent les péripéties; le prince de Khotan, qui défendit la grande cité des sables, en l'année 765, contre l'armée musulmane, le turk Tokouz, dans le *tezkérè* de l'imam Dja'far as-Sadik, porte le titre de khaghan; dans le *tezkérè* de Mahmoud Karam Kabouli (550 de l'hégire = 1155), le prince de Khwarizm = Djourdjaniyya est un 'Alide, nommé Ilf Ata, le Kara-khaghan « le souverain noir », qui reçoit l'ordre de s'emparer des villes du Turkestan oriental, Khamoul, Tourfan, Karashahr, et de les convertir à l'Islam; le Kara-khaghan, le « roi noir », enlève Tourfan, tandis que son lieutenant, Asl Ata, s'empare de Karashahr et de Kizil; l'armée musulmane comptait dans ses rangs un général nommé Shoungar Ata Khaghan.

Le titre de khaghan disparaît de la langue des Turks vers la fin du xe siècle; le souverain de Kashghar, avant 993, porte le titre d'Ilik-khan, et se nomme Haroun Boghra Khan; le mot khaghan resta en usage chez les Mongols, dont l'idiome est beaucoup plus archaïque que les dialectes des Turks, jusqu'à la fin du xiiie siècle; c'est par une imitation prétentieuse et archaïsante de la titulature des successeurs de Tchinkkiz Khaghan, dont ils descendaient, ou tout au moins, pour les Timourides, se prétendaient la postérité, dont ils se proclamaient les héritiers politiques, qu'on rencontre le titre de khaghan dans le protocole des princes de la maison de Témour

postérieure à l'année 1542, sans qu'il soit possible de préciser davantage, et, suivant toutes les vraisemblances, c'est de ce personnage qu'il est question dans le *tezkérè* de Dja'far as-Sadik. Plusieurs officiers, gouverneurs de villes de l'Asie Centrale, nommés 'Abd Allah, se trouvent cités dans le *Hsi-yu-thoung-wen-tchi*, en ses chapitres xi, xii, xiii, à Khamoul, Pitchan, Kutché, Oushi, Kashghar, sans aucune indication de date; ils n'ont rien à faire avec celui qui inspira la rédaction du *tezkérè*. Khadja-i djihan, dans les textes d'Asie Centrale et de la Transoxiane, comme Sadr-i djihan, est un terme vague; il désigne un lettré, un savant, et ce titre convient parfaitement ici; des termes de ce récit, il résulte que le personnage nommé Sultan al-'arifin n'est autre que Soubhan Koul; ce Soubhan Koul n'a rien à voir avec le Koushbégui, Kiptchak Khan Imam Kouli Soubhan Kouli Khan, qui fut le généralissime des armées du sultan shaïbanide 'Abd Allah II.

Keurguen et des Shaïbanides de la Transoxiane. 單于, par lesquels caractères les Chinois représentent le titre du souverain des Huns, transcrit très exactement le titre tchabghou du protocole royal des Turks, et non le mot khan.

Khaghan est parfaitement à sa place au viii⁰ siècle, dans le *tezkérè* de l'imam Dja'far as-Sadik; dans celui de Mahmoud Karam de Kaboul, il est une imitation archaïsante de la titulature du premier de ces ouvrages, à moins, ce qui est possible, que les Turks d'Asie Centrale n'aient continué, dans leurs livres, au xii⁰ siècle, à écrire خاقان khaghan, ce qu'on lisait خان khan, et que les rédacteurs du xvi⁰ siècle aient correctement transcrit خاقان par خاقان, sans s'inquiéter de la prononciation réelle de ce mot.

Le *tezkérè* de Mohammad Ghazali donne au prince de Kashghar, au commencement du viii⁰ siècle, le nom de Sherkianos, lequel représente, d'une façon certaine, une transcription, avec l's rendu *sh*, ces deux aspects de la graphie étant confondus par les Turks d'Asie Centrale, d'une forme ouïghoure [illegible], laquelle transcrit le nom grec Σερκιανός; le fils du prince de Kashghar, qui finit par passer dans le camp de Mohammad Ghazali, est nommé trois fois, au commencement du *tezkérè*, Zouhourmounis; mais, vers son milieu, on trouve son nom sous la forme Zouhouryanos, et, à la fin, sous celle de Zouhourkyanos. Zouhourmounis est une fausse lecture d'une forme [illegible] Sosöménos, qui transcrit le grec Σωζομενός, avec ζ rendu par l's, ce qui est une constante de l'écriture ouïghoure, avec la graphie *oï* pour rendre le son *é*, provoqué par l'épenthèse de l'*e* du suffixe grec -μενος dans les premières syllabes du mot, et par la différence de timbre des deux *o* du nom Sôdzoménos. [illegible] a été lu [illegible] Sogourménos, puis, par suite de l'équivalence $g = k = kh = h$, Sohourménos, Zohourménos; enfin, par une interversion bizarre, Zouhourmounis. Les formes Zouhourkyanos et Zouhouryanos ont été produites par une analogie avec le nom du prince de Kashghar, Sherkianos, ou peut-être par une fausse lecture d'une forme graphique dans laquelle la boucle de l'*m* s'était fermée et traversait la ligne de l'écriture; ces erreurs remontent au texte ouïghour qui raconte l'épopée du petit-fils d''Ali. Zouhourkyanos [illegible] a été lu au XVIᵉ siècle, suivant l'habitude de la graphie mongole, ܙܘܗܘܪܝܢܘܣ Zouhouriyanos.

Il est raconté, dans le *tezkéré* de Mahmoud Karam Kabouli, qu'en 1155, Aksou était gouvernée par un prince chrétien *tarsa* ترسا, Kaïkakoul, vassal de Noudoum Khan, souverain de Matchin, qui régnait à Khotan; l'armée musulmane, après s'être emparée de Karashahr et de Kizil, prit la route de Yarkand, passa par Karatal, traversa le Takla Makan, et arriva au Mazardagh, qui sépare les forêts de Maralbashi et d'Aksou du désert de sable qui étend ses solitudes au nord de Khotan; elle y rencontra une avant-garde khotanienne de cinq mille juifs et chrétiens qu'elle dispersa; puis, les Musulmans marchèrent sur Kéria, mais une tempête de sable leur fit perdre le droit chemin; ils atteignirent la rivière de Khotan, et arrivèrent sur les bords du Yéshil-gueul, « le lac vert », au nord de Kéria. Ils poursuivirent leur marche et parvinrent à Kanhan, dont la population était juive; le prince de cette ville, Turk Tarkhan, vassal du roi de Khotan, Noudoum Khan, était juif, et il pratiquait d'étranges incantations avec le texte de l'Évangile.

Turk Tarkhan rendit sa capitale invisible par ses sorti-lèges (1), et Allah, pour l'en punir, condamna la ville à rester cachée aux yeux des mortels jusqu'à la consommation des siècles; les Musulmans, dans l'impossibilité de s'emparer d'une cité qui avait disparu, prirent Tchira; puis, ayant ainsi coupé les communications de Noudoum Khan avec l'Orient, c'est-à-dire avec la Chine, ils prirent la route de l'Occident, et marchèrent sur Khotan. Noudoum Khan était un descendant d'Afrasyab, roi des Turks; il était de la race des Francs et des Hindous; comme ses ancêtres, il était un Chrétien à tête rouge قزيل باش ترسا *Kizilbash tarsa;* son armée était formée de vingt-cinq mille Kirguiz Kalmaks, et de trente mille Russes et Francs, adonnés aux pratiques de la magie (2). *Tarsa*, dans la

---

(1) Sur ces sorcelleries de l'Inde Blanche, de l'Iran Oriental, et du pays turk, voir le *Zend-Avesta* de Darmesteter, t. II, p. 19, et *Babylone dans les historiens chinois*, dans la *Revue de l'Orient Chrétien*, 1910, p. 297.

(2) Les Kirghiz Kalmaks étaient bouddhistes; quelques-uns pratiquaient l'Islamisme; les Russes et les Francs étaient chrétiens; les Russes et les Francs, par Francs افرنك, افرنج, il faut entendre Varègues, comme je le montrerai au

terminologie du Céleste Empire, et des cités du Hsi-yu, qui, au
xii⁰ siècle, étaient les vassales de la Chine, sous la forme
ancienne *tersek* (mod. *tié-sié*), qui est le pehlvi *tarsak* et le
persan moderne *tarsa*, désigne toujours les Nestoriens, par
opposition formelle aux Mânavi مانوی (1), qui sont les Manichéens. Il y a dans ce *tezkéré* une confusion entre les Juifs
et les Chrétiens, qui s'explique parfaitement par l'ignorance
des Bouddhistes, ou des Musulmans, qui écrivirent ces histoires, des Musulmans plutôt, car les Bouddhistes, comme

cours d'un autre travail, sont le nom d'une même entité ethnique; la présence
de Varègues dans l'armée de Khotan, sous les règnes de Youri Wladimirowitch
et d'Isiaslaf Mstislawitch, est l'invraisemblance même; cette mention des Russes
reporte à la fin du xvi⁰ siècle, date à laquelle ces *tezkéré* furent rédigés sous
leur forme actuelle; elle représente une interpolation dont l'origine et les
raisons sont évidentes : en 1581, le kosak Yermak Timoféewitch, au service des
Strogonof, conquiert la Sibérie, bat le khan Kutchum, et s'empare de sa
capitale Sibir, qui a donné son nom à cette immense contrée; ce glorieux
épisode des armes russes eut un retentissement énorme dans tout le pays turk,
jusqu'aux marches de la Chine; le nom de Chrétien devint synonyme de celui
de Russe, et de sa forme ancienne et traditionnelle au temps des Rourikiéwitch,
qui étaient les descendants des Varègues.

(1) Le nom des Manichéens se trouve dans les historiens du Céleste Empire,
sous les espèces de deux transcriptions différentes : Mar-ni 末尼, qui
est de beaucoup la plus fréquente; 摩尼 Ma-ni, laquelle est infiniment
plus rare, et se retrouve dans le nom 末摩尼 Mar Ma-ni « Mani le Saint » du
Bouddha syncrétique des sectaires manichéens des Trois Montagnes, au
xii⁰ siècle (Wieger, *Textes historiques*, 1742); la première de ces formes Mâr-ni,
avec l'équivalence constante *r* = *n*, est pour Mân-ni, comme les mots palis
nibbâṇa, dhamma, sippa sont l'aboutissement prakrit des mots sanskrits
nirvâṇa, dharma, silpa; *mân-* transcrit *mâ-* dans Mâni مانی; l'équivalence *ăn*,
ăr = *â* est un phénomène connu; c'est ainsi que les Arabes ont transcrit
Kâroubi, le nom du maréchal Canrobert, pour Ka(n)roubi(r); Mozart, dans les
transcriptions chinoises contemporaines, est transcrit Mosà; « il faut », en cam-
bodgien, s'écrit indifféremment *kuo* ou *kuor*; c'est par suite d'un phénomène
identique que le nom du Naharmalkâ « le fleuve du roi », nom d'un des bras de
l'Euphrate, se trouve dans les historiens latins sous les formes Narmalcha, ou
Armalcha, avec la chute, très rare à l'initiale, de l'*n-*, et Narmalchar, avec
l'addition de ce même *r*, que l'on retrouve dans la forme de sabir turkestanais
Kutchar, transcrivant le nom de la ville de Kutché (*Journal of the Royal Asiatic
Society of Great Britain and Ireland*, 1914, p. 167). Mânawi, al-Mânawiyya
المانویة, dans Shahristani, correspond à la forme Mâni, transcrite Mâ-ni par
les Célestes; l'auteur du *Kitab al-fihrist* donne aux Manichéens le nom de
Mânâniyya, المنانیة, qui est le pluriel régulier d'une forme Mânni = Mâni,
laquelle est rigoureusement identique à celle que les Chinois ont transcrite Mâr-ni.

tous les peuples qui sont nés à la civilisation sous l'influence de l'Inde, ont une horreur native et instinctive de tout ce qui ressemble à une précision historique. Il est certain qu'il y avait, au xiiᵉ siècle, des Juifs dans les villes de l'Asie Centrale; leur présence y est signalée au cours du premier tiers du xixᵉ siècle (1), et ils n'ont pas disparu de ces contrées lointaines; mais le fait que Noudoum Khan, à Khotan, pratiquait ses enchantements par la récitation de versets des Évangiles montre suffisamment qu'il était chrétien, comme Sergianos et Sodzoménos, de Kashghar, et non juif (2).

Le *tezkéré* de l'imam Mohammad Ghazali (3), fils de (Mohammad) Hanifa, fils d''Ali, raconte que ce personnage régnait à Tabrizamin. Il avait deux généraux, nommés Poulad Derkan et Derkan Poulad, qu'il avait chargés de gouverner ses états. Quant à lui, il s'occupait uniquement d'œuvres pies. Un jour, il partit pour se rendre à la chasse; il manda auprès de lui Poulad Derkan, et lui ordonna de rassembler les troupes de Tabrizamin pour qu'elles partissent avec lui. Il marcha pendant quarante jours à travers le désert, et, quand il eut fini de chasser, il se proposa de rentrer chez lui. Pendant qu'il était couché, il eut un rêve durant lequel il aperçut Mahomet, les quatre khalifes orthodoxes, Abou Bakr, 'Omar, 'Othman, 'Ali, et Fatima la vierge. « Mon fils, dit le Prophète, ne savez-vous donc pas que l'imam Hosaïn, la chair de ma chair, a été mar-

---

(1) Voir sur ce point *les Peintures des Manuscrits orientaux de la Bibliothèque nationale*, 1914-1920, p. 213.

(2) Le terme de « Chrétien à tête rouge » indique que ce personnage appartenait au Nestorianisme, lequel était venu de Perse en Asie Centrale, apporté par les Persans, et était considéré, même par les Chinois, comme une formule essentiellement persane; les Persans de l'époque safavie, à la date qui vit la rédaction de ces légendes des imams 'alides, étaient couramment, comme l'on sait, traités de « Têtes rouges » *Kizilbash* par les peuples étrangers.

(3) Ce prétendu imam Mohammad Ghazali n'est autre que le célèbre philosophe des xiᵉ-xiiᵉ siècles, dont le nom, pour Dieu sait quelles raisons, a été introduit dans cette byline; il est inutile de dire que Mohammad ibn al-Hanafiyya, que les Turks nomment en effet Mohammad Hanifa, n'a jamais eu de fils qui s'appelât Mohammad Ghazali, ni 'Asim; Djamal ad-Din al-Halabi, dans son *'Omdat at-talib* (man. arabe 2021, folio 208 recto et verso), dit en effet que ce personnage eut quatre fils, et vingt filles, et que ses seuls fils dont on connaisse des descendants se nommaient 'Ali et Dja'far.

tyrisé par les hérétiques (1) dans la plaine de Karbala? Ah! si votre père, Hanifa, était de ce monde! »

Mohammad Ghazali se réveilla; il monta à cheval sur l'heure, et rentra immédiatement chez lui; il confia à Poulad Derkan le gouvernement de Tabrizamin, prit avec lui Derkan Poulad avec douze mille hommes, et se mit en chemin. Il se rendit à la Kaʻba, accomplit les rites du pèlerinage, en en faisant le tour, puis il partit pour Médine l'illuminée. Au bout de dix jours de marche, il arriva près de Médine; les habitants, qui avaient été avertis de sa venue, sortirent en foule pour aller le recevoir. Mohammad Ghazali s'acquitta des cérémonies rituelles; puis, après avoir vu dans un rêve le Prophète, qui lui ordonna d'aller à Nadjaf pour recevoir les ordres de son grand-père ʻAli, il se mit en route pour cette ville, dans laquelle il alla se prosterner devant le tombeau de son aïeul. Au cours d'un songe qu'il eut, tandis qu'il dormait près de ce mausolée, ʻAli lui tint ce discours : « Mon fils! va convertir le peuple de Khotan (Tchin et Matchin) à la foi musulmane; n'épargne aucun infidèle; ne crains rien, et sois vaillant; la coupe du martyre est apprêtée pour vous dans le pays de Khotan. »

Le souverain de Nadjaf était alors Mahmoud Khan, qui donna l'hospitalité à Mohammad Ghazali durant quarante jours. Mohammad Ghazali lui apprit l'avis qu'il avait reçu de son aïeul, et il en informa également Derkan Poulad : « Je pars immédiatement, leur dit-il, pour Khotan. » Mahmoud Khan partit avec lui, emmenant toute son armée.

La population de Baghdad, ayant appris que l'imam arrivait, sortit tout entière de la ville pour aller lui présenter ses hommages. A cette époque, vivait dans Baghdad un grand personnage, nommé Shaïkh Hasan; il vit en rêve ʻAli, qui lui commanda d'aller recevoir Mohammad Ghazali; en même temps, l'imam Mohammad Ghazali eut un songe au cours duquel il vit Shaïkh Hasan. Les deux personnages se rencontrèrent en dehors de Baghdad; ils se racontèrent leurs visions, et Shaïkh Hasan reçut l'imam avec les plus grands honneurs. A cette époque, régnait à Baghdad un prince, nommé Faridoun; son fils,

____

(1) *Kharidj*, c'est-à-dire par les Sunnites.

Sarmast-i Baghdadi, se joignit à Mohammad Ghazali avec dix mille hommes, tandis que Shaïkh Hasan partait avec lui à la tête d'un corps de mille hommes.

La nouvelle de l'expédition de Mohammad Ghazali arriva à Kharizm, où régnait Yolbars Khan, qui avait deux fils, Sultan Zouk Ata et Sultan Shouk Ata. Il envoya Sultan Zouk Ata à l'imam, avec une lettre dont celui-ci fut très satisfait. L'imam partit pour Kharizm, où Yolbars Khan le reçut avec le plus grand enthousiasme. Yolbars Khan avait une fille, nommée Hanifa, laquelle, un jour qu'elle pleurait en pensant au martyre d'Hosaïn, s'endormit, et vit en songe Fatima, la fille du Prophète, qui lui dit : « Hanifa, j'ai une heureuse nouvelle à t'annoncer; mon fils, l'imam Mohammad Ghazali, va venir dans ce pays; je te destine à lui; j'intercéderai en ta faveur au jour de la résurrection. » La princesse fut remplie d'une grande joie, et attendit avec impatience l'arrivée de Ghazali. Un jour que l'imam s'était retiré dans un lieu désert pour procéder aux ablutions légales, Hanifa lui présenta ses hommages, et se tint debout devant lui. Il la salua, et lui demanda qui elle était : « O roi du monde! Je suis, lui dit-elle, la fille de Yolbars Khan. J'ai vu en songe Fatima la Vierge, laquelle m'a appris que je vous suis destinée. Depuis ce jour, votre humble servante a attendu votre arrivée; et, grâce à Allah! voici enfin que vous êtes venu. » Yolbars Khan donna sa fille Hanifa en mariage à Mohammad Ghazali, et l'imam resta plusieurs jours dans Kharizm.

Un jour, Yolbars Khan apprit à Mohammad Ghazali qu'un prince mécréant, nommé Sherkianos, régnait à Kashghar, et que tout le pays de Khotan était aux mains des infidèles. L'imam ordonna à Sarmast-i Baghdadi et à Shaïkh Hasan de partir avec leurs armées, leur promettant de les suivre à bref délai.

Sarmast-i Baghdadi et Shaïkh Hasan se mirent en route pour Kashghar, et Mohammad Ghazali demanda à Yolbars Khan de lui fournir des troupes pour aller conquérir cette ville. Yolbars Khan lui donna une armée de quatre-vingt mille hommes, sous le commandement de Sultan Zouk Ata et de Sultan Shouk Ata. L'imam partit de Kharizm, marchant sur Samarkand, où il fut reçu par le prince de cette ville, qui se nommait Ardashir;

après quelques jours passés à Samarkand, Mohammad Ghazali se mit en route avec Ardashir, qui emmenait avec lui quarante mille hommes. Il parvint ainsi à Khodjand, où le prince de cette ville, Khadja Kasim Khodjandi, se joignit à lui avec quatre mille soldats. Mohammad Ghazali, partant de Khodjand, se dirigea sur Andidjan, et s'arrêta à Marguilan. Tout le pays d'Andidjan obéissait alors aux ordres de deux princes, nommés Solaïman Shah Oushi et Sarbouland Khan Oushi; ils s'en vinrent présenter l'hommage de leur respect à l'imam, à la tête d'une armée de quatre-vingt mille hommes, et ils l'invitèrent à se rendre avec eux dans la ville d'Oush, où se trouvait conservé le trône du prophète Salomon. Mohammad Ghazali fut reçu avec le plus grand enthousiasme par les gens de la ville de Oush, et Solaïman Shah Oushi fit don à l'imam du tambour qui avait appartenu à Alexandre; puis, il partit avec lui, accompagné de quatre-vingt mille hommes. En même temps, il apprit à l'imam qu'un prince très puissant, Ya'koub Khadja, régnait à Tashkand, et il lui conseilla de lui adresser une lettre. Mohammad Ghazali fit écrire la lettre par Mansour 'Allam, et il chargea Sarbouland Khan Oushi de la porter à Tashkand. Ya'koub Khadja la reçut, la mit sur ses yeux, et, se tournant vers le côté par lequel devait arriver l'imam, il se prosterna, puis lut ce qu'elle contenait. Quand il en eut pris connaissance, il partit à la tête de soixante mille hommes, et vint se joindre à Oush à l'imam qui le reçut avec beaucoup d'honneurs.

L'armée musulmane se reposa durant quelques jours à Oush; un vendredi, après la prière, Mohammad Ghazali dit à ses compagnons d'armes: « Mes amis, il nous a été confié la mission de conquérir à l'Islam des terres nouvelles. Le pays de Kashghar est peuplé d'infidèles. Partons pour la guerre sainte! » L'imam récita la prière, prononça la formule : Allah est la plus grande divinité! et l'armée se mit en route pour Kashghar. Il s'arrêta au bout de plusieurs étapes, et, après la prière, il donna à Ya'koub Khadja l'ordre de marcher vers la contrée de Kashghar. Ya'koub Khadja se mit en marche avec soixante mille soldats, et se heurta, à son arrivée dans le pays, à une armée de quatre mille hommes qui couvrait la route de la capitale. A ce moment, Ardashir de Samarkand survint, et les

Musulmans écrasèrent l'avant-garde kashgharienne, dont il ne resta que deux hommes; ils coururent annoncer au prince Sherkianos qu'une armée considérable venait du côté d'Andidjan, qu'elle avait massacré ses quatre mille soldats, qu'ils avaient échappé à grand'peine au désastre, et que les Musulmans arrivaient en trombe derrière eux. Sur ces entrefaites, l'armée de l'imam survint; Sherkianos rassembla les habitants de Kashghar, et leur dit : « Si tous, grands et petits, vous obéissez à mes ordres, gardez la ville, et empêchez l'ennemi d'y pénétrer. » Les gens de Kashghar s'apprêtèrent à la résistance, et ils n'évacuèrent pas leur cité, si bien que l'armée musulmane s'arrêta à Besh Kérem. Ardashir de Samarkand investit la ville qui résista. Au matin, un nuage de poussière apparut sur la route d'Andidjan. C'étaient Solaïman Shah Oushi et Sarbouland Khan Oushi qui survenaient, avec quarante mille hommes rangés autour de quarante drapeaux blancs. Ils campèrent sur l'un des côtés de la ville, au grand effroi des infidèles. A la prière de midi, un nouveau nuage de poussière apparut, cachant quarante mille hommes sous quarante étendards; les nouveaux venus établirent leur campement du côté droit de la cité, et, pendant sept jours, les troupes musulmanes arrivèrent sans interruption. Le huitième jour, Solaïman Shah Oushi écrivit à Sherkianos une lettre conçue en ces termes : « Apprends que le roi des deux mondes, l'imam Mohammad Ghazali, est arrivé afin de te convertir à l'Islamisme. Allah t'ordonne, si tu acceptes l'Islam, de sortir, ton arc suspendu au col, et de faire la profession de foi musulmane, auquel cas tu iras au paradis; si tu refuses, d'un coup de sabre, j'enverrai ton âme impure en enfer. Je lutterai contre toi de toute ma force, et, si je succombe, ce sera en savourant la coupe du martyre. »

Quand il reçut cette lettre, Sherkianos se mit dans une violente colère, et préféra lutter contre les Musulmans. Le neuvième jour, un nouveau tourbillon de poussière apparut, venant d'Andidjan: c'étaient Sarmast et Shaïkh Hasan de Baghdad, Derkan Poulad, Sultan Zouk Ata et Sultan Shouk Ata de Kharizm, qui arrivaient avec Mohammad Ghazali. L'imam ordonna à Sarmast d'établir sa tente tout près de la ville, et il se prépara à l'attaque, tandis que l'armée musulmane campait de chaque côté de la ville.

Sherkianos avait un fils nommé Zohourmounis, qui se trouvait alors à Aksou. Sherkianos lui envoya un courrier, pour lui apprendre qu'une nombreuse armée était venue du côté d'Andidjan, dans l'intention de détruire Kashghar qu'elle assiégeait, et il lui manda de venir à son secours. Zohourmounis rassembla les troupes des villes voisines, et arriva auprès de son père, avec une armée de cent mille hommes.

Trois jours après, Sherkianos sortit de la ville, et rangea son armée en bataille, tandis que les Musulmans en faisaient autant; l'imam fit battre le tambour d'Alexandre, et Zohourmounis défia au combat les guerriers de l'Islam. Poulad Derkan releva le défi, poussa son cheval contre Zohouryanos (1), et lui barra le chemin. Zohouryanos le frappa d'un coup d'épée, et le fit prisonnier; puis, se précipitant dans les rangs des Musulmans, il leur blessa soixante-dix hommes, et en tua quatre. Les infidèles frappèrent le tambour de la victoire, tandis que les Musulmans faisaient retentir celui de la retraite. L'imam pria les Saints de venir à son secours, et il s'endormit après avoir reçu leurs encouragements. A l'aube, Mohammad Ghazali fit battre le tambour d'Alexandre, et les deux armées se rangèrent en ligne. Sarbouland Khan Oushi entra dans l'arène, fut blessé par Zohouryanos, et s'en retourna au camp. Sarmast-i Baghdadi se lança à l'attaque de Zohouryanos, et brisa sa lance d'un coup de sa masse d'armes. Le prince infidèle voulut lutter avec l'épée, mais Sarmast lui asséna violemment sa masse sur la tête. Zohouryanos le para, mais il fracassa la tête de son cheval, et il roula à terre. Sarmast-i Baghdadi sauta à bas de sa monture, lui mit le pied sur la poitrine, lui lia les mains, et le traîna devant Mohammad Ghazali.

Quand Sherkianos vit son fils tomber aux mains des Musulmans, il en ressentit une violente douleur; il lança son cheval, suivi de la foule des infidèles, qui ressemblait à un nuage de

____

(1) A partir de cet endroit, le *tezkéré* donne à Zohourmounis le nom de Zohouryanos, puis Zohourkianos.

sable et de poussière. L'ardeur de Sarmast était telle qu'il se
précipita dans la mêlée avec cent hommes. Mohammad Ghazali
donna l'ordre que l'on courût à son aide, et l'armée musulmane, s'étant concentrée, refoula les infidèles dans Kashghar.

Zohouryanos fut conduit en la présence de Mohammad
Ghazali, qui le somma de se convertir à l'Islam; le prince de
Kashghar refusa; l'imam ordonna qu'on le plaçât devant le
front de l'armée, et qu'on le couvrît de flèches. Shaïkh Hasan
se leva, et demanda à l'imam la permission de garder Zohourkianos durant trois jours, pendant lesquels il lui ferait accepter
l'Islamisme, sinon il serait exécuté. Zohourkianos céda aux
exhortations de Shaïkh Hasan; celui-ci le conduisit devant
Mohammad Ghazali, qui lui demanda de réciter la profession de
foi musulmane; le jeune prince le fit d'un cœur sincère, et
Shaïkh Hasan l'adopta comme son fils spirituel. Zohourkianos
demanda à l'imam la permission de combattre les infidèles;
Mohammad Ghazali lui accorda l'objet de sa requête en lui
souhaitant bonne chance. Le prince se tourna vers ses sujets,
et leur cria : « Mécréants! écoutez mes paroles : acceptez la foi
musulmane, pour éviter les supplices qui vous attendent au
jour du jugement. Si vous ne m'obéissez pas, je vous traiterai
de la belle façon, Sherkianos, mon père, tout le premier. »

Le roi de Kashghar fut consterné en entendant le discours
de son fils : « Mieux eût valu, dit-il, qu'il succombât dans la
bataille. Le tue qui voudra! » Zohourkianos se précipita sur
les infidèles, et une lutte terrible s'engagea; il combattit
durant trois jours et trois nuits, après lesquels il mit dans
une déroute complète Sherkianos avec toute son armée. Les
infidèles évacuèrent Kashghar, et Zohourkianos se mit à leur
poursuite, sans pouvoir les atteindre, tellement ils fuyaient vite.
Il présenta ses hommages à Mohammad Ghazali, qui le remer-
cia. Pendant ce temps, toute la population de Kashghar sortit
de la ville, et vint demander grâce à l'imam, qui la somma de
se convertir à l'Islam. Ces gens le firent avec empressement,
et Mohammad Ghazali nomma Zohourkianos souverain de
Kashghar; mais le prince refusa en pleurant, disant : « Partout
où ira l'imam, j'irai avec lui! » L'imam chargea Sarbouland
Khan Oushi de gouverner Kashghar, et il se mit en route.

accompagné de Zohourkianos; il se dirigea sur Aksou, et il envoya en avant-garde Ardashir Samarkandi et le prince de Kashghar.

Quand il fut arrivé près d'Aksou, Ardashir rangea ses troupes en ordre de bataille; un des soldats de l'armée de Sherkianos sortit des rangs de l'armée des infidèles, et porta un coup de sabre à Ardashir; mais celui-ci le tua, et envoya son âme dans l'enfer. Ardashir tua de la sorte plusieurs infidèles qui étaient venus l'attaquer, tandis que Zohourkianos, de son côté, repoussait violemment les sujets de son père.

L'armée des infidèles vint à manquer de vivres. A cette date, dans le pays de Tchin et Matchin, régnait à Karakash un infidèle, nommé Karoun Rashid. Sherkianos alla lui demander asile, mais Ardashir et Zohouryanos se mirent à sa poursuite, et dépassèrent Aksou et Yarkand. Karoun Rashid, malgré ses terreurs, envoya un contingent de mille hommes à Sherkianos. Les infidèles furent battus devant la ville de Karakash par Ardashir et Zohouryanos; mais un retour offensif de l'ennemi coûta la vie à Ardashir, en même temps qu'il obligeait Zohouryanos à battre en retraite avec le reste de l'armée de l'Islam; il alla rejoindre l'imam, qui retrouva le corps d'Ardashir Samarkandi, et lui donna la sépulture.

Mohammad Ghazali se résolut à poursuivre les infidèles, tandis que Sherkianos et Karoun Rashid s'enfermaient dans Karakash, pour résister aux assauts des Musulmans. L'imam fit battre le tambour d'Alexandre et investit la ville. La bataille s'engagea épique entre les deux armées, et Sarmast-i Baghdadi occit en combat singulier un nombre considérable d'infidèles; la lutte se prolongea durant six mois, jour et nuit, sous les murs de Karakash, que ses défenseurs, épuisés, abandonnèrent à la faveur des ténèbres, pour aller chercher un asile dans les montagnes. L'armée de l'Islam entra dans la ville, dont les habitants embrassèrent la foi avec un grand enthousiasme, pour avoir la vie sauve, et Mohammad Ghazali donna à Zohouryanos la souveraineté du pays, en même temps qu'il chargeait Shaïkh Hasan de surveiller l'instruction musulmane des habitants de Karakash.

Quant à lui, il se mit à la poursuite des infidèles, auxquels il fit une rude guerre, et qu'il accula dans une vallée où Sarmast-i Baghdadi les attaqua. Karoun Rashid, Sherkianos, et leurs troupes, écrasés, s'enfuirent, poursuivis par Mohammad Ghazali, et, passant à travers l'aridité du désert de sable, ils parvinrent sur les bords d'une rivière où ils campèrent.

Mohammad Ghazali traversa le cours d'eau, et établit son campement dans la plaine de Yéké Langar (1); ce fut dans cet endroit que sa femme, Hanifa, mit au monde un fils, nommé Zaïn al-'Arab; elle mourut des suites de ses couches, et son fils ne tarda pas à la suivre dans le tombeau. Dix jours plus tard, la bataille recommença entre les infidèles et les Musulmans; Mohammad Ghazali avait revêtu le manteau rouge d''Ali, et il tenait au poing son célèbre glaive Zoulfikar. L'armée de l'Islam enfonça les troupes du prince de Karakash, que Sarmast-i Baghdadi poursuivit dans leur déroute, jusqu'à ce qu'il fût tué dans un retour offensif de l'ennemi.

Solaïman Shah Oushi continua la poursuite, et fut tué à son tour. Mohammad Ghazali donna la sépulture aux martyrs; il eut un songe, au cours duquel il vit 'Ali, Hasan, Hosaïn, Fatima, Khadidja; 'Ali lui dit : « Soyez béni! Vous avez fait la guerre sainte contre les mécréants; les âmes des martyrs sont satisfaites de vous; elles vous attendent; les anges qui gardent les portes du paradis au parfum d'ambre tiennent, pour vous les offrir, des coupes ornées de rubis et d'émeraudes, remplies de mets délicieux et de sucreries variées. Voici que nous sommes venus au-devant de vous, car vous serez bientôt réunis à nous. » La bataille recommença, et les infidèles, de nouveau battus, durent chercher leur salut dans une fuite rapide, qui les conduisit à la plaine de Yéké Langar; Mohammad Ghazali, malgré ce succès, eut l'intuition que sa fin était proche; il adressa au Ciel une ardente prière; un feu dévorant sortit du monde de l'invisible, et réduisit en cendres les soldats de Karoun Rashid; leurs têtes furent changées en pierres noires, calcinées par les flammes, et elles resteront dans cette plaine jusqu'à la consommation des siècles.

L'armée musulmane attaqua ensuite les troupes de Sherkianos,

---

(1) Le « grand langar », *yéké* étant le mot mongol qui signifie « grand »; cette localité, plus loin, est nommée sous sa forme persane de Bouzourg Langar.

qui avaient échappé à la vengeance céleste ; le cheval de Mohammad Ghazali se prit le pied dans un trou, et l'imam vida les
étriers ; il fut immédiatement massacré par les infidèles, mais
Sultan Zouk Ata et Sultan Shouk Ata, prenant le commandement des forces de l'Islam, les lancèrent sur Sherkianos, dont
les troupes s'enfuirent jusqu'à Kéria. Sultan Zouk Ata et Sultan
Shouk Ata périrent à leur tour sous les coups des infidèles (1),
qui furent pourchassés par Shaïkh Hasan et Zohouryanos.

Shaïkh Hasan ensevelit le corps de Mohammad Ghazali à
Bouzourg Langar (2), où l'imam avait goûté la coupe du martyre,
le vendredi dixième jour du mois de Djoumada premier de
l'année 121 de l'hégire (24 avril 739).

Il est raconté dans l'histoire de l'imam Dja'far Sadik qu'il eut
un rêve, au cours duquel il vit son père, Mohammad Bakir, fils
de Zaïn al-'Abidin, fils d'Hosaïn, fils d''Ali, qui lui donna
l'ordre d'aller convertir Khotan (Tchin et Matchin). Dja'far
réunit une armée de cent mille combattants, et se rendit à
Sapid Kouh سپيد كوه (3), qu'on nomme aussi Sabz Kouh
سبز كوه (4), la moderne cité d'Utch Tourfan, où régnait un prince,
nommé Shah Bahram. Shah Bahram, ne pouvant résister à
l'imam, se convertit à l'Islam, et lui donna sa fille en mariage.
Dja'far resta vingt ans à Sapid Kouh, où il écrivit quarante
traités (5). Au bout de ces vingt années, il apprit que soixante-

(1) Dans les environs de Kéria.
(2) La localité nommée aujourd'hui Yalangar ou Yaka, voir pages 35 et 39.
(3) La montagne blanche.
(4) La montagne verte.
(5) Les Musulmans attribuent à l'imam la composition de plusieurs ouvrages,
dont les plus célèbres traitent de l'art de prédire l'avenir, l'un par les mouvements
nerveux involontaires des muscles du corps (Hadji Khalifa, I, 194), ce qui est, en
réalité, une analyse des réflexes, l'autre par l'interprétation des songes (ibid., II,
391). Un autre, la *Djami'a*, traité sur la divination des événements futurs, est,
en fait, le livre que l'on nomme ordinairement le *Djafr* de Dja'far Sadik ; la
Djami'a est un grand traité de divination qui fut écrit par Adam ; le *Djafr*
primitif fut écrit par 'Ali, sur l'ordre et les révélations du Prophète, sur le plan
et d'après les principes de la *Djami'a* ; Dja'far as-Sadik écrivit à son tour un
abrégé du *Djafr* de son aïeul, 'Ali, fils d'Abou Talib, sous le titre de *al-Khafiya*
« le secret », lequel livre était divisé en deux tomes, que certains auteurs
nomment, le premier, le grand *djafr*, le second, le petit *djafr* : il y a une allité-
ration évidente entre le nom de Dja'far et le titre de *djafr* : la *Khafiya* n'était
autre chose qu'un traité de divination par la vertu mystique et cabalistique des

douze généraux musulmans, sous le commandement d'Abou Mouslim, à Marw, s'étaient révoltés contre l'autorité des khalifes omayyades, et lui mandaient de venir se joindre à eux pour venger la mort de son père, Mohammad Bakir, qui avait été assassiné sur les ordres de Yazid. Dja'far Sadik se mit en route, avec un corps de trente mille hommes, dont les chefs se nommaient l'imam Hashim ibn Malik, l'imam 'Asim, l'imam Sultan Borhan ad-Din, Sultan Zafar ad-Din, Khadja 'Allam ad-Din, Sultan Khadja 'Allami Khorasani, Sultan Khadja Abou Yousouf 'Orfani. Le roi de Sapid Kouh, Shah Bahram, écrivit à Marwan, pour l'informer du dessein de Dja'far Sadik. Marwan fit partir une armée sous le commandement de Sultan Babr Dandan (1), en même temps qu'il expédiait une lettre au roi de Khotan, pour l'avertir d'empêcher l'imam d'aller faire sa jonction avec Abou Mouslim. Shah Bahram, sous couleur de conduire Dja'far Sadik à Marw, lui fit prendre la direction de Khotan, dont le roi, Tokouz Khaghan, marcha contre lui, avec une armée forte de cinquante mille hommes. Les deux armées se rencontrèrent, et prirent leurs dispositions pour engager la lutte. Le premier corps de l'armée de Khotan était commandé par Aslam, le second, par Kaharman, le troisième, par Salsabil, le quatrième, par Yaghman; le cinquième corps était composé de contingents de Kalmaks et de Kazaks; Tokouz Khaghan était sur la sixième ligne avec dix mille hommes (2).

Le premier corps musulman était sous le commandement de l'imam 'Asim, le second était commandé par Khadja 'Allami

---

lettres de l'alphabet (*ibid.*, ıı, 604, 605; ııı, 53, 128; v, 141); le *djafr* est la réplique de la Table gardienne du Destin اللوح المحفوظ, sur laquelle, d'un bout de son

kalam, le Kalam primordial, Allah a écrit l'universalité de l'avenir du κόσμος, la *Djami'a* étant la Table gardienne du Sort, sur laquelle, de l'autre bout de son kalam, l'Être unique a écrit les particularités du destin de chaque entité du monde, dans laquelle peut entrer une part de libre arbitre. On attribue également au célèbre imam (*ibid.*, ııı, 78; vı, 141) des interprétations du Koran, dont certaines ont été recueillies par Aboul-'Abbas ibn 'Ata, et citées par Abou 'Abd ar-Rahman Mohammad ibn al-Hosaïn as-Soullami an-Naïsabouri, dans son commentaire du livre saint, intitulé *al-Hakaïk fil-tafsir*.

(1) « Celui qui a des dents de panthère », nom parfaitement impossible à cette date, comme bien d'autres dans cette trame fantaisiste.

(2) Toujours la division altaïque de l'armée en corps de dix mille cavaliers.

Khorasani, le troisième, par Kilidj Borhan ad-Din (1), le quatrième, par Sultan Zafar ad-Din, le cinquième, par l'imam Kasim. Dja'far Sadik envoya Kilidj Borhan ad-Din sommer Tokouz Khaghan, roi de Khotan, d'accepter l'Islamisme. Le souverain infidèle refusa, et la bataille s'engagea. Les troupes de Khotan furent battues, et perdirent trois mille hommes.

La bataille reprit au bout de trois mois, quand Tokouz Khaghan eut réorganisé ses armées. Salsabil, le Chinois (2), s'avança entre les deux fronts, et défia les guerriers de l'imam. Talha, fils de Toufan, releva le gant, et fut tué, puis, après lui, Khodja Hashim. Pendant deux jours et deux nuits, les deux armées luttèrent sans résultat appréciable, et les Khotanais perdirent quinze cents hommes. Après quelques jours de trêve, Salsabil fut tué en combat singulier par l'imam 'Asim, fils de Mohammad Hanifa, fils du Roi des hommes ('Ali). Les infidèles furent battus, et les hostilités demeurèrent suspendues durant six mois, au bout desquels la bataille recommença ; l'imam 'Asim tua Kaharman, et fut à son tour occis par Tokouz Khaghan. Dja'far Sadik fit ensevelir les corps des martyrs, parmi lesquels l'auteur cite Khadja 'Abd ar-Rahman Baghdadi, Khadja Akhtam Baghdadi, Khadja Nasl Allah Baghdadi, Khadja Ahmad Baghdadi, Khadja Sa'd ad-Din Baghdadi, Khadja Solaïman Khorasani, Khadja 'Anbar Khorasani, Khadja 'Izzat Allah Khorasani.

Deux mois après ces événements, le lundi septième jour du mois de Djoumada second, Dja'far Sadik recommença la lutte ; cinq mille Musulmans périrent dans la bataille, tandis que deux cent cinquante mille infidèles y trouvaient la mort.

Shah Bahram tomba au pouvoir des Musulmans, qui, pour le punir de sa trahison, le firent périr dans les supplices. Dja'far Sadik ordonna à Khadja 'Allami Khorasani, qui était originaire de Marw, et l'un des hommes les plus instruits de son époque, de marcher vers l'Orient, en prenant la route des montagnes, accompagné de Khadja Aboul-Ma'ani, Khadja Riza, Khadja Abou Ishak Hamid, Khadja Ibn Saka, Khadja

---

(1) Ce personnage est nommé plus haut Imam Sultan Borhan ad-Din.
(2) C'est-à-dire originaire de Khotan.

Pahlavan, tandis que lui-même, tout seul, prenait le chemin du désert, par la route, vers Iltchi.

Khadja ʿAllami Khorasani Marwazi poursuivit les infidèles qui avaient été battus par Djaʿfar Sadik, sans pouvoir les atteindre, et il arriva dans un pays arrosé par une rivière divisée en cinq canaux, nommé, par suite de cette circonstance نجوم پینجوم پنجاب Pandjab Pandjoum Nodjoum (1); il y séjourna

(1) Pandjab, en persan, signifie les « cinq rivières »; *pandjoum* پنجم, et non پینجوم, mais ces textes sont pourris de fautes, signifie « le cinquième »; *noudjoum*, forme de pluriel littéral, est, en fait, une prononciation assourdie de *nadjm* > *neudjeum* « étoile », qui signifie ici lune, comme le persan *akhtar*, en afghan. Il se peut d'ailleurs que *noudjoum* soit réellement la forme plurale de *nadjm*: on sait qu'en turk, et dans la pensée des Turks qui avaient abandonné le tchaghataï pour parler persan, comme les Timourides de Dehli, la forme plurale avait éliminé la forme du singulier pour certains mots : *omra* = *oumara* أمرا pour *amir* أمير; *ewlia* اولیا pour *wali* ولی; *nawwab*, d'où *nabab* نواب pour *naïb* نائب, et j'en ai signalé (*Journal of the Royal Asiatic Society*, 1915, page 308) un exemple curieux dans la langue des Ouïghours de Tourfan. Il faut donc entendre, à mon sens, *pandjab pandjoum noudjoum*, les « cinq rivières (où les Musulmans arrivèrent) le cinquième mois. Cette interprétation est confirmée par ce fait qu'en un certain mois Djaʿfar divise son armée en deux corps, dont l'un, dirigé par Khodja ʿAllami, arrive peu de jours après cette opération à Pandjab Pandjoum Noudjoum, où il reste deux mois; quelques jours après, Khadja ʿAllami est tué, et les survivants de son armée vont rejoindre Djaʿfar, lequel, au bout d'un laps de temps très court, est tué vers le milieu du septième mois de l'année 148; les deux mois du séjour de Khadja ʿAllami à Yoltchoun, plus les trois périodes de quelques jours qui l'ont précédé et suivi, reportent la division de l'armée de Djaʿfar vers le 15 Rabiʿ second; Khadja ʿAllami arrive à Yoltchoun vers le commencement du mois suivant, Djoumada premier, *le cinquième*; il reste dans cette localité durant les deux Djoumada, cinquième et sixième mois, se fait battre vers le commencement de Radjab, septième mois, et les débris de ses troupes, réunies à celles de Djaʿfar, sont anéantics le 15 de ce même septième mois 148. Ces cinq rivières sont l'Ashi-daria, la Gandji-daria, l'Uluksaï, la Noura, plus une autre (il y en a deux autres marquées sur la carte du colonel Bolchew) sans nom, à l'est de Tchira, l'Ashi-daria passant à Tchira, à quatre-vingt-dix verstes dans l'est de Khotan; ces rivières coupent la route Tchira, Goulakma, Domakou, Karakir, Yalangar (voir page 36), Shival, Yaka, Shambourbazar, Kéria, Oïtoghrak; elles se perdent dans les sables du Takla-Makan, de la steppe du Gobi. *Langar*, en persan, signifie une enceinte de pierres, de bois ou de briques, qui entoure le monument funéraire d'un personnage illustre, puis le mausolée lui-même, dans un sens très voisin de celui de *mazar*; ce mot est le sanskrit-perse *vart-ana* « qui entoure, chose circulaire, globe », de la racine *vrt*, sk. *vrt-ā* « entouré », *vrt-i* « qui entoure » *vrt-ta*, participe passif de *vrt*, « rond, cercle »;

durant cent vingt jours, et il y construisit une auberge pour les voyageurs *yol-outchoun*, d'où cette localité prit le nom de Yoltchoun, sous lequel elle est connue aujourd'hui. Au bout de ce temps, on entendit une fusillade مطيق au pied des monts, et la bataille s'engagea entre les Musulmans et les infidèles. Les Musulmans furent victorieux par l'intercession du prophète Élie; puis, ils furent attaqués par un corps de quinze cents infidèles, commandés par Tabous, auquel vint se joindre une partie de l'armée de Tokouz Khaghan. Les Musulmans furent anéantis, et Khadja 'Allami fut tué dans la bataille. Les survivants rejoignirent l'armée de Dja'far Sadik avec une peine infinie.

Après avoir marché vers l'Orient pendant quelques jours, Dja'far Sadik divisa son armée en deux corps; le premier, fort de trois mille hommes, sous le commandement de Sultan Kilidj Borhan ad-Din, marcha le long des montagnes, tandis que l'imam, avec deux mille hommes, prenait la route du désert. Il fut attaqué durant la nuit par une armée de vingt et un mille hommes, que Tokouz Khaghan avait envoyée de Khotan à sa poursuite. Au bout de cinq jours et de cinq nuits d'un combat acharné, les Musulmans furent tous massacrés (148 de l'hégire = 765) (1); alors, une tempête de sable s'éleva, qui remplit le monde de ténèbres; lorsqu'elles furent dissipées, les infidèles recherchèrent en vain le corps de Dja'far Sadik, qui était enseveli sous le sable; furieux de ne pas le trouver, ils se jetèrent les uns sur les autres, et se massacrèrent jusqu'au dernier.

L'histoire de Mousa al-Kazim, fils de Dja'far as-Sadik, raconte que cet imam demanda à son grand-père, l'imam Mohammad Bakir, la permission d'aller venger son père. Il arriva à Khotan (Tchin et Matchin) avec six mille Musulmans, et se heurta au fils de Tokouz Khan, Malik Mouzaffar, qui était infidèle; le prince de Khotan lança vingt mille Turks contre l'imam qui fut tué dans la bataille. Le mausolée de l'imam

le perse * *vartana* est devenu * *gartan*, puis, par retournement du mot autour de l'*-r-*, *tangar*, puis, par le changement de *t* en *l*, *langâr*.

(1) D'après tous les auteurs musulmans, Dja'far as-Sadik est mort à Médine, le 15 Radjab 148, soit le 11 août 765.

Mousa al-Kazim est à Khotan, mais Allah avait transporté miraculeusement son corps à la Mecque, où il fut inhumé aux pieds de son père, Dja'far as-Sadik (1).

***

La ténacité des Shiïtes vint à bout de la résistance que leur offrirent les Nestoriens et les Bouddhistes du Turkestan chinois, et ils parvinrent à implanter leur foi dans ces contrées lointaines, aux dépens du Bouddhisme et du Christianisme ; ils réussirent, au xviie siècle, après huit cents années d'efforts et de patience, à s'emparer de la souveraineté dans la steppe du Takla Makan, où les Chinois les trouvèrent sur le trône, quand ils reconquirent l'Asie Centrale(2) ; ils affirmèrent, pour légitimer leur pouvoir

(1) Mousa al-Kazim mourut le 15 Radjab 183 (22 août 799), à Baghdad, dans une prison où le détenait le khalife Haroun ar-Rashid.

(2) L'auteur de la description de l'Asie Centrale intitulée *Hsi-yu-thoung-wen-tchi* (chap. xi, pages 6 et suiv.), après un exposé assez inexact de ce qu'il nomme la « famille de Djingis Khan », dresse un long tableau dans lequel il dessine l'arbre de la descendance des 'Alides, issus d'al-Hosaïn, fils d''Ali, sous le titre de « famille du Prophète » 派嘅木巴爾族屬 : 'Ali عالى est le père de l'imam Hosaïn اوسين ايمام, père de l'imam Zaïnoulabidin زينول عابدين, père de l'imam Mahmoud Bakir محمود باقير (Mohammad Bakir), père de l'imam Dja'far Sadik صاديق, père de l'imam Mousa-i Kazim موساى كازيم, lequel eut pour fils l'imam 'Ali-yé Moushi Riza عالى يي موشيريزا, c'est-à-dire, suivant la forme persane, 'Ali ar-Riza, fils de Mousa al-Kazim. Le *Hsi-yu-thoung-wen-tchi* indique ainsi qu'il suit la filiation des descendants d''Ali ar-Riza, fils de Mousa al-Kazim : Sayyid Talib سيد طالب ; Sayyid 'Abdullah سيد عبدو الله ; Sayyid Abzal سيد أبزل (= Sayyid Afzal, avec la prononciation turke *b* de *f*, comme dans le mot padishâh, que l'on écrit فادشاه dans les contrées de l'Asie Centrale) ; 'Abd Allah عبدو الله ; Sayyid' Ahmad ; Sayyid Mahmoud سيد محمود, 瑪木特 ; Shah Hasan شاه حسن ; Sayyid Djalal ad-Din ; Sayyid Kamal ad-Din ; Sayyid Bourhan ad-Din ; Mir Digwana مير دكى وانه, 米爾馬瓜納 (Mi-eul Ti-kwa-na transcrivant une forme مير ذكوان, dont la prononciation exacte est Mir Dzakwan) ; Sayyid Mahmoud ; Sayyid Bourhan ad-Din ; Sayyid Djalal ad-Din ; Makhdoum A'zam مخدوم[م] أعظم, lequel eut une nombreuse famille, et fut l'arrière-grand-père de Hidayat Allah Khadja, plus connu sous le nom de Hazrat Afak, qui, en 1678, réussit à s'emparer de la souveraineté du pays de Tchaghataï, où ses descen-

aux yeux des officiers mandchous, qu'ils régnaient sur les
Musulmans du Mogholistan par suite de l'autorité que leur

dants régnèrent jusqu'en 1865, d'abord sous la suzeraineté des Kalmouks, puis
sous la domination des Chinois.

Je n'ai point le dessein d'examiner toutes les questions que soulève l'étude
de cette liste; il me suffira de dire, pour l'objet qui m'occupe ici, qu'elle montre
que le prince 'alide qui l'a communiquée aux officiers chinois, quand ils reconquirent l'Asie Centrale, ne connaissait que les huit premiers imams, jusqu'à
'Ali ar-Riza, fils de Mousa, à l'exclusion absolue des quatre derniers imams des
Shiïtes duodécimains, Mohammad at-Taki, 'Ali an-Naki, Hasan al-'Askari, al-
Kaïm. Il n'existe pas dans le Shiïsme de secte qui reconnaisse huit imams;
les Ismaïliens en reconnaissent cinq; ils s'arrêtent avec Dja'far as-Sadik,
après lequel ils comptent des imams à l'infini, par cycles de sept; les Sab'iyya
sont partisans d'une doctrine qui reconnaît sept imams, et s'arrête avec Mousa
al-Kazim. Il en faut conclure que le Shiïte qui a dressé cette liste généalogique
appartenait à une famille qui était venue en Extrême-Orient durant la vie de
l'imam 'Ali ar-Riza, alors que Mohammad at-Taki n'était point encore investi
de l'Imamat; que cette famille perdit immédiatement tout contact avec les Musulmans qui vivaient en Perse, et dans le monde de langue arabe, de telle sorte
qu'elle ignora complètement la succession des quatre derniers imams des
Persans. Encore faut-il remarquer que l'imam 'Ali ar-Riza n'a jamais eu de
fils nommé Sayyid Talib; l'auteur du *Omdat at-talib*, Djamal ad-Din al-Halabi
(man. arabe 2021, folio 119 verso) dit formellement que le huitième imam n'eut
qu'un seul fils, Mohammad al-Djawad, et un lecteur de l'ouvrage a cité dans la
marge l'opinion d'un généalogiste célèbre, Madjdi, qui lui donne deux fils, Mousa
et Mohammad al-Djawad, plus une fille, Fatima. D'où il faut conclure que les
princes shiïtes du Tchaghataï n'étaient pas des 'Alides. C'est de même, suivant
une tradition courante en Asie Centrale, que Shah Ismaïl, roi de Perse, fonda-
teur de la dynastie des Safawis, aurait été un personnage de race turke, qui
aurait prétendu descendre du septième imam; et, en fait, il est permis de se
demander pourquoi ce prince écrivit ses poésies en turk, non en persan, sans
compter qu'il fut soutenu, et imposé au peuple persan, par des clans turks, les
Afshar, les Kadjars, les Oustadjlou, les Shamlou, et autres, dont les deux premiers arrivèrent à la souveraineté de l'Iran, quand les Safawis eurent lassé la
patience de la Perse.

Il n'y a qu'une seule circonstance historique qui soit capable d'expliquer cette
singularité : le tragique événement qui, dans les premières années du ixe siècle,
faillit faire passer la couronne du Khalifat sur la tète de l'imam 'Ali ar-Riza, fils
de Mousa al-Kazim, lorsque Mamoun (813-833) le fit venir de Médine à Marw,
dans le Khorasan, pour le reconnaître comme son héritier présomptif. L'imam
eut le triomphe immodeste; pour se débarrasser de ce successeur gênant,
Mamoun le fit empoisonner à Tous, où il est enterré. De nombreux 'Alides étaient
accourus à Marw, avec 'Ali ar-Riza, pour jouir de la fortune extraordinaire qui
revenait aux héritiers légitimes de Mahomet; leur espoir fut de courte durée;
Mamoun ne tarda pas à se repentir de ses tendances favorables aux 'Alides; elles
leur étaient trop favorables, et les imams n'en demandaient pas tant; la persécution reprit contre eux dès la mort d''Ali ar-Riza; elle sévit dans tout le
Khalifat, des rives de la Méditerranée aux frontières du Khorasan. Les 'Alides qui

conférait leur illustre naissance; ils prétendirent qu'ils descendaient du Prophète par le huitième imam, ce qui constituait un
mensonge impudent.

Il était de notoriété publique, au milieu du xe siècle, à
Samarkand, plus de deux cents ans avant l'expédition dirigée
contre Tourfan par Mahmoud Karam Kabouli (1155), que le prince
de la tribu turke des Boghratch بغراج était un 'Alide, descendant de Yahya ibn Zaïd (1); il est impossible, d'après le récit
d'Abou Dolaf, qui mentionne cette singularité dans la relation
incohérente et funambulesque de son voyage à la Chine (2),

étaient venus à Marw pour contempler le triomphe de l'imam n'y purent
demeurer; ils sortirent des terres musulmanes, pour entrer, au delà des monts,
dans les domaines des Chinois, d'où ils ne devaient plus sortir; les steppes du
Takla-Makan et les villes du Tarim étaient infiniment loin de Médine, où les
imams vivaient dans la retraite, et dans l'obscurité d'une destinée manquée
irrémédiablement; on savait aussi peu à Khotan ce qui se passait à Médine qu'on
s'inquiétait peu à Médine des destinées de Khotan; les Shiïtes, réfugiés dans le
Turkestan, ne surent jamais que quatre imams avaient succédé à 'Ali ar-Riza; s'ils
l'apprirent par des Persans à l'époque mongole, ils n'en tinrent aucun compte; ils
n'avaient pas les moyens de vérifier l'exactitude de leur généalogie après le
huitième imam; ils s'en tinrent à leur liste, qui leur était sacrée, qui, par ses
lacunes mêmes, était un témoignage éclatant de leur véracité et de l'antiquité
de leurs prétentions.

L'existence, dans les contrées de l'Extrême-Orient, de ces Shiïtes, dont la
connaissance des imams 'alides se borne aux descendants de Hosaïn, jusques et
y compris 'Ali ar-Riza, est amplement prouvée par une histoire des Imams après
la mort de Mahomet, qui s'arrête à la mort d''Ali ar-Riza, et dont le manuscrit a

été copié dans la Transoxiane; l'auteur de cet ouvrage, qui l'a intitulé محرّق
القلوب (supplément persan 1790), Mahdi ibn Abi Zaranraki زرنراقى (?), l'a
divisé en vingt chapitres, dont le dernier traite de l'assassinat du huitième
imam; il est certain qu'il ne connaissait point le neuvième imam, et qu'il appartenait à ce clan de Shiïtes du Takla Makan, qui descendaient des compagnons
d''Ali ar-Riza, lesquels perdirent de très bonne heure tout contact avec leurs
coreligionnaires des contrées occidentales, à ce point qu'aujourd'hui, les
Ismaïliens qui vivent dans le Turkestan russe ignorent jusqu'au nom de Hasan-i
Sabbah, dont la renommée fut immense en Perse.

(1) ملك عظيم الشان يذكر انه علوى من ولد يحيى بن زيد; il s'agit
ici de Yahya, fils de Zaïd, fils de l'imam Zaïn al-'Abidin, fils d'al-Hosaïn, fils
d''Ali, qui fut obligé de se réfugier dans le Khorasan, c'est-à-dire dans la
partie orientale de l'Iran qui confine à l'Asie Centrale, quand son père, qui avait
pris le titre de khalife, fut battu et tué, en 122 de l'hégire, par les troupes des
Omayyades.

(2) Yakout, *Mo'djam al-bouldan*, III, p. 417. Il n'est pas impossible qu'Abou
Dolaf soit allé à la Chine; ce personnage raconte qu'il se trouva rencontrer à

de savoir dans quelle région de l'Asie Centrale vivait ce peuple
altaïque (1), et si le prince qui lui commandait était véritable-

Samarkand les ambassadeurs du roi de la Chine, qu'il nomme قالين بن
الشخير, lequel avait envoyé demander à Nasr ibn Ahmad la main de sa fille;
le prince samanide refusa, en invoquant la différence et la divergence extrême
des religions et des croyances des Chinois et des Musulmans; les ambassadeurs
célestes agréèrent cette excuse, et déclarèrent que leur maître serait satisfait
si le fils de Nasr, Nouh, voulait bien épouser la fille du Fils du Ciel; Abou
Dolaf déclare et affirme qu'il est allé chercher la princesse chinoise à سندابل,
et qu'il l'a accompagnée avec son escorte de cinq cents esclaves, hommes et
femmes, lorsqu'elle s'en vint épouser Nouh ibn Nasr. Tout n'est pas invention
dans cette histoire; il faut évidemment changer le nom de la capitale chinoise
سندابل en بينلانك, qui transcrit lettre pour lettre la forme originelle 汴
梁 Ping-lang, nom ancien de Khaï-song-fou; les variations qui ont amené
دينلانك à سندابل sont de l'ordre de celles qu'expliquent les idiosyncrasies
de la graphie arabe; il est inutile de dire qu'il n'y a jamais eu d'empereur
chinois qui se soit nommé Kalin, fils d'ash-Shakhir; mais il faut corriger قالين
en قايين Khaï-yun, ce qui est le nom des années 開 運 de Sheu Tchoung-koeï
石 重 貴 de la dynastie des Tsin, de la famille Sheu, qui régna de 936 à
946, Aboul-Hasan Nasr II ayant exercé le pouvoir de 913 à 942; Sheu Tchoung-
koeï était le neveu du premier souverain de cette dynastie éphémère, Sheu
King-thang 石 敬 瑭. الشخير est une accumulation d'erreurs graphiques
où se cachent les éléments de son nom Tchoung-koeï, retourné et prononcé
Koeï-tchün كيجين devenu لسحر ليجين, auquel on a préfixé l'*alif*, par
un processus sur lequel il est inutile d'insister, car il s'explique de lui-
même. Les noms des tribus turkes chez lesquelles passe Abou Dolaf sont dans
un désordre absolu; pour aller de Marseille à Dunkerque, il passe par Valence,
par Rome, par Lyon, par Perpignan, par Paris, par Nice, par Brest, etc. Si
Abou Dolaf n'a pas fait son Jean de Mandeville, en imaginant un voyage fictif
à travers des peuplades dont les noms étaient connus dans les états du prince
de Samarkand, sans que l'on sût très bien où elles habitaient, il en faut
conclure, ce qui est très possible, qu'il a brouillé ses notes, quand il a voulu
rédiger sa relation, ou qu'il les avait perdues, ce qui arriva à d'autres qu'à lui,
ou qu'il n'en avait pas pris, se fiant à sa mémoire, qui lui a joué un fort mé-
chant tour.

(1) Bogratch est pour Boghrat, avec la prononciation sifflante du *t*, ce dont
les exemples ne manquent pas dans les langues altaïques; à Madagascar, le
t arabe a pris le son *ts*; il s'agit dans ce phénomène d'une prononciation
ts analogue au développement d'une sifflante après un *k*, sous la forme *ks*, sur
lequel je me suis expliqué autre part; en serbe, le patronymique -*itch* se prononce
plus près de -*ilj* que de -*itch*; le *t* du moyen persan, après une voyelle, brève
ou longue, au moyen âge, est devenu *dz* ز, dans les provinces occidentales de
l'Iran, tandis qu'il est resté *d* د dans le Khorasan et dans la Transoxiane,
pendant qu'il devenait *t* en Asie Centrale. Bogra-t est une forme plurale de

ment un descendant d'ʿAli; mais il est hors de doute que, quelques années avant le milieu du xᵉ siècle, sous le règne du prince samanide Nasr ibn Ahmad, dans la Transoxiane, on savait, d'une façon certaine, que le chef d'un clan turk d'Asie Centrale, ou de Sibérie, professait le Shiïsme et non le Sunnisme, ce qui ne pouvait manquer de scandaliser les sujets des souverains de Samarkand.

Cette tradition vivait en Perse, dans les forteresses ismaïliennes, à la fin du xıᵉ siècle, à l'époque du célèbre révolutionnaire Hasan-i Sabbah; l'auteur de l'étrange recueil de tableaux historiques et astrologiques, connu sous le titre de *Dastour al-mounadjdjimin*, raconte que Mohammad ibn Ismaʿil, petit-fils de l'imam Djaʿfar as-Sadik, s'enfuit dans l'Hindoustan, pour échapper à la poursuite du khalife Haroun ar-Rashid (1). Cette assertion est notoirement fausse; jamais Mohammad ibn Ismaʿil n'a passé dans l'Hindoustan; mais elle montre, ce qui est parfaitement dans la logique de l'histoire, dans la vraisemblance, dans la réalité, que des descendants d'ʿAli vivaient sur les marches de l'Islam.

C'est un fait historique que des Ismaïliens ont vécu dans les provinces du Nord-Ouest de l'Inde, et il est probable que quelques-uns de ces sectaires prétendaient, ce qui était peut-être vrai, qu'ils descendaient de Mohammad, fils d'Ismaʿil, lequel serait venu dans cette contrée lointaine, et ce fait explique les affirmations de l'auteur du *Dastour al-mounadjdjimin;* Firishta, dans son *Goulshan-i Ibrahimi,* dit en effet, au commencement de l'histoire

---

boghra بوغرا « chameau »; la tribu des Boghrat est celle dont sortirent les Ilik-khans, dont l'ancêtre se nommait Satok Boghra Khan; ce Satok Boghra, d'après le *teskéré* qui raconte sa légende, fut converti à la foi sunnite par le prince samanide de Boukhara.

(1) ذكر بعض الرواة ان الرشيد طلبه فقيل له انه بالري فسار الرشيد على إثره فلما لم يجده بها وحكى انه بنشابور تبعه اليها فاما قيل انه مضى الى الهند عدل الرشيد الى طوس فمات بها — Plusieurs traditionnistes ont mentionné qu'ar-Rashid le manda auprès de sa personne; on lui dit que l'imam était à Rayy; ar-Rashid marcha vers cette ville sur les traces de Mohammad ibn Ismaʿil; quand il ne l'y eut point trouvé, lorsqu'on lui eut raconté que ce personnage était à Nishapour, ar-Rashid l'y poursuivit; quand on lui eut dit que Mohammad ibn Ismaʿil s'en était allé aux Indes, le khalife se détourna vers Tous, et il mourut dans cette ville. »

de Mahmoud, fils de Séboktéguin (1), sultan de Ghazna, qu'en l'année 1005, le prince ghaznawide entreprit la conquête de la province indienne du Moultan, qui était alors gouvernée par Aboul-Fath Daoud ibn Nasr ibn Shaïkh Hamid, lequel appartenait à la secte des Ismaïliens الملحدة.

C'est en ce sens que 'Aufi, vers la fin du premier tiers du XIIIe siècle, dans son *Djawami' al-hikayat*, dit formellement que des 'Alides vivaient dans le Céleste Empire, et il est certain que, pour échapper aux persécutions des khalifes de la maison d''Abbas, les descendants du premier Imam allèrent demander un asile aux frontières les plus lointaines du monde de l'Islam, comme le firent les Idrisites sur la terre du Maghreb.

La légende de l'offensive des imams 'alides contre le Takla Makan vit dans l'imagination des Turks orientaux et des Sartes de la Transoxiane; les habitants du Tarim montrent le monument *mazar* de l'imam Dja'far as-Sadik, dans la plaine de sable qui s'étend au nord de Kéria (2), à cent vingt-cinq kilomètres de cette ville, légèrement dans l'est, à soixante-dix kilomètres au sud des ruines d'une cité ancienne, que les cartes allemandes nomment Karadoung (3).

C'est un fait certain que ni Mohammad Ghazali, ni Dja'far as-Sadik, ni Mousa al-Kazim, ni Hasan al-'Askari, n'ont jamais

(1) Man. supplément persan 243, folio 37 recto; le grand-père de Daoud, Shaïkh Hamid, avait entretenu des relations cordiales avec Séboktéguin, son père, et lui-même avec Mahmoud; puis il s'était brouillé avec Mahmoud, sans songer à la vengeance que ce prince tirerait de sa désertion.

(2) Approximativement à l'intersection du 82e méridien E. de Greenwich et du 38° parallèle N.

(3) Le *mazar* de Bourhan ad-Din se montre encore aujourd'hui sur la rivière de Kéria; un *mazar* d'Imam Dja'far Taïran, c'est-à-dire de Dja'far Tayyar, frère de l'imam 'Ali, fils d'Abou Talib, se trouve à Tchira, un peu dans l'est de Khotan; le tombeau de quatre imams est vénéré dans l'oasis « des Imams »: أيمام لار, au pied des Monts, à Polour, à cinq bonnes journées de marche de Khotan; le *mazar* de l'imam Aptar (= Abtar) se montre tout près de Khotan. Ces lieux sacrés reçoivent la pieuse visite des gens du Turkestan: ces *mazars* musulmans ont succédé aux stoupas du Bouddhisme, tout comme, en Syrie, les sanctuaires de l'Islam s'élèvent sur les ruines de ceux des Chrétiens et des Juifs.

conduit des armées contre les possessions occidentales de l'empire chinois; aucune histoire musulmane ne parle de ces extravagances. Hasan et Hosaïn, sous le règne d'Ali, ont servi dans l'armée de l'Islam, et ils ont marché avec elle jusque dans le Mazandaran; mais, après eux, aucun imam, à l'exception d'Ali ibn Mousa ar-Riza, qui est allé jusqu'à Marw, et dont le tombeau se trouve à Tous, ou Mashhad, n'a jamais quitté les provinces de l'Asie antérieure. Ils vécurent toujours à Médine, dans une position précaire, se terrant dans une retraite absolue, entourés de suspicions, sans garder aucun espoir de reconquérir la puissance temporelle qui leur avait été ravie par les usurpateurs Omayyades et Abbassides; ils ne jouèrent aucun rôle politique sur la scène de l'Islam; ils ne le tentèrent point, et ils ne quittèrent la ville du Prophète que lorsqu'il plut aux khalifes de Baghdad de les faire amener dans leur capitale, pour les tyranniser et les jeter dans leurs prisons.

Cette légende n'est point née chez les Turks de Khotan, de Kashghar, de Marguilan et de Namangan; les habitants de ces contrées ne furent jamais capables d'une telle invention; leur récit recouvre une forme d'une épopée shiïte qui n'a jamais été écrite, et qui s'est transmise dans la mémoire des peuples jusqu'au jour où la tradition lointaine s'en est définitivement perdue. Cette légende veut qu'Ali, fils d'Abou Talib, gendre du Prophète, soit venu, comme un nouvel Alexandre, faire la conquête de l'Iran oriental, peut-être des terres de l'Extrême-Orient, et qu'il ait trouvé le terme de son destin dans la capitale de la Bactriane, où se dressait orgueilleusement le vihara bouddhique du Naubahar.

On chercherait en vain des traces de ces fantaisies dans les histoires des 'Alides : c'est par un pur hasard que l'on trouve quelques mailles de cette trame mystérieuse sous la plume d'écrivains tardifs, qui n'ont point saisi l'importance de ce qu'ils racontent (1).

(1) C'est de même que les légendes relatives à l'introduction de l'Islam en Chine sont notoirement apocryphes et de fort basse époque, loin de remonter à l'époque des Thang; les livres chinois racontent que Thaï Tsoung, en 628, eut un long entretien, sur les vérités du dogme islamique, avec trois envoyés du roi de Khamoul, Kaïs, Owaïs, Kasim; mais en 628, Khamoul était certaine-

Sharaf ad-Din 'Ali Yazdi, dans la continuation de la *Djami' at-tawarikh* de Rashid ad-Din, rapporte en effet qu'en l'année 721 de l'hégire (1321), Témourtash, fils de Tchoban Noyan, qui était originaire de la tribu mongole des Souldous, et qui se révolta contre l'autorité du sultan Abou Sa'id Bahadour Khan, prétendit être le Mahdi, c'est-à-dire le douzième imam, qui s'est évanoui, pour reparaître à la fin des temps.

Témour Keurguen, dans l'inscription qui est gravée sur son cercueil, à Samarkand, a osé dire que l'on racontait que l'ancêtre mythique des Mongols, Bodontchar, fils d'Along-Goa et de la Lumière, « était l'un des descendants du Commandeur des Croyants, 'Ali, fils d'Abou Talib, et que, souventes fois, ses glorieux fils, à toutes les époques, ont proclamé qu'elle était parfaitement et absolument sincère, toutes les fois qu'elle avait revendiqué cette paternité pour Bodontchar » (1).

Khondamir, dans le *Habib as-siyar* (2), rapporte qu'en l'année 885 de l'hégire (1480-1481), Mirza Baïkara gouvernait

---

ment bouddhiste; Kasim y parle du Koran, dont la publication est postérieure, vers 635; et, ce qui est plus fort, il explique le nom que portent les Musulmans 回 回 hoeï-hoeï par des allusions symboliques à un « retour », qui caractériserait l'Islam : انا لله ولله راجعون; mais cette explication ne vaut que pour l'époque à laquelle 回 回 qualifie les Musulmans, laquelle est très basse, et se compte surtout à dater de la période mongole; 回 回 sous les Thang, certainement, ne désignait pas les sectateurs du Prophète; c'est en 1124, dans l'histoire des Liao, que cette expression parait pour qualifier les Musulmans, leur souverain étant nommé 回 回 國 王 Hoeï-hoeï koué wang; mais, dans le sens de « musulman », elle est une graphie arbitraire, du xii⁰ siècle, une transformation artificielle, du nom des Ouïghours, originairement 回 紇, ou 廻 紇, qui fut changé en 788, en la forme 回 鶻, laquelle en est homophone, et se lisait Khouïkhout, ou Khouïghour, dans les domaines du Fils du Ciel. La présence de ce nom 回 回 hoeï-hoeï, dans un texte chinois, indique qu'il est postérieur au premier quart du xii⁰ siècle, et qu'il n'a certainement pas été écrit sous les Thang.

(1) وذكر انه من ابنا امير المومنين على بن ابى طالب وربما تصدقها فى كل دعواها عليد اولادها الامجاد; *Introduction à l'histoire des Mongols*, p. 60-61.

(2) *Le Messianisme dans l'Hétérodoxie musulmane*, Paris, 1903. p. 167; *Habib as-siyar*, man. suppl. persan 177, folios 256-257; cette histoire a été recopiée par l'auteur de l'histoire du Turkestan, Mohammad Amin ibn Mirza Zaman Boukhari, man. suppl. persan 1518, folios 85-86, et par Amin Ahmad Razi, dans le *Haft Iklim*, man. suppl. persan 357, folio 231 recto.

Balkh au nom de son frère, Sultan Hosaïn Mirza, prince du Khorasan ; un derviche, nommé Shams ad-Din Mohammad, qui se disait l'un des descendants du grand Saint soufi, Bayazid-i Bistami, arriva de Kaboul et de Ghaznin, apportant un traité d'histoire qui avait été composé sous le règne du sultan saldjoukide Sindjar (1) ; il y était dit qu''Ali, fils d'Abou Talib, était enterré dans un village, nommé Khadja Khaïran خواجه خيران, à trois farsakhs de Balkh, Dôme de l'Islam. Mirza Baïkara se rendit en toute hâte dans cette localité, accompagné des 'Alides, des kadis, des nobles, de toute l'élite de la population ; il y trouva un monument, dont la coupole abritait une tombe ; on y pratiqua des fouilles, et l'on y mit au jour une pierre de marbre blanc sur laquelle étaient gravés ces mots : « C'est ici le tombeau du Lion d'Allah, le frère de l'Envoyé d'Allah, 'Ali, le Saint d'Allah (2) ». Mirza Baïkara avertit le prince de Hérat de cette découverte, d'autant plus extraordinaire que tout le monde, des grèves de l'Atlantique aux cimes de l'Hindoukoush, savait pertinemment que le Lion d'Allah dort du sommeil éternel à Koufa ou à Nadjaf, et le dernier souverain timouride du Khorasan fit élever au Prince des Imams un monument splendide, qui devint pour les Shiïtes de son empire le centre d'un pèlerinage aussi important que le mausolée de Nadjaf (3).

(1) Il s'agit ici, vraisemblablement, de la chronique intitulée *Moudjmil al-tawarikh*, mais l'on n'y trouve rien de semblable ; il y est simplement dit que les opinions ne s'accordent pas sur le lieu où le khalife 'Ali fut inhumé : certaines personnes croient qu'il est enterré à Koufa, derrière la mosquée où ses trois fils, Hasan, Hosaïn et Mohammad, fils de la Hanéfite, cachèrent sa tombe. D'autres disent qu'ils mirent son corps sur un chameau, et qu'ils donnèrent la sépulture à leur père à l'endroit où se trouve le Mashhad, à un farsakh de Koufa, à l'endroit même où le chameau s'arrêta et s'endormait (man. persan 62, folio 293 recto).

(2) هذا قبر اسد الله اخ رسول الله على ولى الله.

(3) Cette légende est encore vivante en Asie Centrale ; Ferrier raconte dans la relation de son voyage (i, 395), qu'à Mazar, près de Balkh, existe une mosquée qui est l'objet d'une grande vénération de la part des Musulmans, et surtout des Shiïtes ; on assure, dit-il, d'une manière très imprécise, qu'un « prince tartare » reçut en songe la révélation qu''Ali y est enterré ; cette mosquée fut construite par le prince timouride « 'Ali Shah » de Hérat (*sic*), et elle renferme le tombeau de « Shah Mardan, le roi des hommes », c'est-à-dire d''Ali ; le même auteur rapporte (page 338) que la mosquée de « Mussela », près de Hérat, fut commencée par Sultan Hosaïn Mirza, pour recevoir les cendres de l'imam Riza, qu'il voulait faire transférer de Mashhad à Hérat ; le

Ces invraisemblances sont flagrantes, mais les prétentions étranges des Mongols et des Timourides, qui, à l'instar des Fils du Ciel, à Lo-yang ou à Tchhang-gan, voulaient régner d'après l'ordre du « Mandat Divin », en même temps que l'orgueil fantastique des Turks et des Germaniques, avec lesquels ils eurent des accointances certaines dans l'Antiquité, expliquent pourquoi et comment les Timourides, aux Indes, prétendirent à la divinité, comment Djalal ad-Din Mohammad Akbar Padishah eut comme ex-libris un sigle Ꝺ, qui n'est autre que le Θ initial de Θεός, ce monarque se targuant d'encyclopédisme, pourquoi Aurengzib est figuré la tête nimbée du cercle d'or des Saints.

plan de cet édifice était conçu dans des dimensions prodigieuses; on y travaillait depuis vingt-cinq années, quand le prince de Hérat mourut; il ne fut jamais terminé; les dimensions de sa coupole dépassent ce que l'on peut imaginer, et suivant Ferrier, qui est quelquefois assez exagéré, plusieurs arceaux, soutenus par des piliers en briques, égalent par leurs proportions l'arc du palais de Khosrau II Parviz, à Ctésiphon, ce qui est l'impossibilité même. C'était manifestement pour se concilier les bonnes grâces de leurs sujets, les Turks shiîtes, cousins de ceux qui allaient vénérer les *mazars* prétendus 'alides de la région de Khotan, que les princes timourides se livraient à ces manifestations religieuses, qui étonnent chez des Sunnites. Les Mongols convertis à l'Islam, même avant Khorbanda, et les Timourides, quoique sunnites, éprouvaient une grande inclination pour le Shiîsme; Moulaï, en 690 de l'hégire, reprocha durement à un grand juriste de Damas que ses concitoyens, jadis, eussent assassiné Hasan et Hosaïn, ce qui était une erreur grossière; Témour Keurguen, d'après ce que raconte Ibn Arabshah, reprocha à ces mêmes gens de Damas que leurs ancêtres se soient faits les complices des meurtriers des deux imams, qu'ils aient promené ignominieusement leurs familles dans les rues de la capitale syrienne, en les couvrant de cendres. On sait, par 'Abd ar-Razzak Samarkandi, dans son *Matla' as-sa'daïn*, que les Timourides, sous Shah Rokh Bahadour, et sous Mirza Sultan Abou Sa'id, faisaient des manifestations shiîtes inattendues. Les Mongols et les Timourides, en Perse, régnaient sur des Shiîtes qui n'admettaient que le droit divin, tandis que les Sunnites, dans le choix du souverain, étaient partisans de l'élection, et tenaient pour elle; les Mongols et les Timourides se réclamaient jalousement du droit divin, et la doctrine shiîte leur inspirait une sympathie évidente et compréhensible pour ses adeptes; cela, sans compter que leur intellectualité, pour les Mongols et les premiers princes de la maison de Témour, n'allait pas fort loin, et qu'ils se trouvaient assez naturellement portés à penser comme les peuples qu'ils prétendaient gouverner. Cela suffit à expliquer la faveur qu'ils témoignèrent toujours aux Shiîtes, ainsi qu'aux Soufis, qui étaient les favoris exclusifs des Persans, et qui finirent par être persécutés par les rois safawis, qui descendaient, ou prétendaient descendre, de Soufis, parce que ces princes savaient pertinemment, et de première source, que le but non dissimulé de l'Ésotérisme était simplement la destruction de l'Islam.

Ces impossibilités sont loin d'établir que les bandes shiïtes
qui allèrent chercher un refuge ultime à leur infortune dans les
plaines de l'Asie Centrale n'étaient point commandées par des
'Alides authentiques, lesquels cherchaient à se faire passer pour
des imams (1). Il ne faut point oublier aussi qu'en Perse, aux
époques anciennes, beaucoup de personnes se prétendaient
'Alides pour faire des miracles, pour les simuler plutôt, et en
tirer profit ; le fait était assez général pour que les 'Alides véritables se soient vus forcés d'imaginer un office spécial de véri-
fication des généalogies, lequel fut confié à un magistrat, le
nakib نقيب. Ce censeur de la Noblesse joua un rôle considérable
jusqu'à l'époque des Mongols, et, aux siècles qui suivirent, son
importance déclina et s'évanouit.

Comme le Manichéisme, comme le Nestorianisme, l'Islam a
pénétré en Chine par les routes de la Perse et de l'Asie Centrale ;
ce fut de même que le Bouddhisme, au premier siècle, entra en
Chine par les voies de Khotan et des villes occidentales du
Hsi-yu. Que la Chine ait été islamisée par la Perse, c'est un
fait évident quand l'on réfléchit que les Musulmans célestes,
dans les mosquées de Pé-king et de Shang-haï, récitent en
persan, rituellement, sans en comprendre le sens, la formule
namaz ba-gouzaram kourbatan lillah نماز بكذارم قربة لله « Je
fais la prière pour me rapprocher d'Allah » (2), que les inscriptions des oratoires, dans la capitale du Céleste Empire, sont
écrites en nasta'lik, le nasta'lik étant une forme graphique née

(1) L'Imamat ne pouvait s'acquérir que par la collation de ce titre accordée
par l'imam précédent ; il n'y a que douze imams chez les Shiïtes persans.

(2) Les Turks d'Asie Centrale récitent l'étrange formule *tchétire rika'at guélirem
kourbatan lillah* چتيره ركعات كليريم قربة لله « Je fais une prière de quatre-
génuflexions pour me rapprocher d'Allah », ce qui traduit la formule arabe
أصلى اربع ركعات قربة لله, avec le mot russe *tchétire* remplaçant le turk
tort ; beaucoup de Turks orientaux, dans la partie de l'Asie Centrale qui était
sur les frontières des contrées soumises au sceptre des tsars, s'étaient convertis à
un Christianisme grossier, aussi élémentaire que l'Islamisme des Turks qui avaient
conservé la foi mahométane, aussi rudimentaire que le Bouddhisme et le Manichéisme du Tarim, de Tourfan à Kashghar. Le peu d'intelligence, le manque
absolu de culture, des peuples qui vivent dans l'Asie Centrale et en Sibérie ne
s'accommodaient que des principes, réduits à leur extrème minimum, des
religions auxquelles ils se convertirent.

dans l'Occident de la Perse, l'une des normes essentielles de l'Iranisme.

Depuis la date à laquelle l'Iranisme est entré en Asie Centrale, le persan n'a jamais cessé d'être la langue littéraire des provinces les plus lointaines de la Transoxiane, comme de Kashghar, de Khotan, d'Aksou; les savants musulmans de ces contrées lointaines n'écrivent pas en turk-oriental, pas plus que les shaïkhs soudanais ne composent leurs livres dans les dialectes parlés aux rives du Niger; mais l'arabe leur est trop difficile, et ils se contentent du persan, dont la connaissance leur demande moins d'efforts; la langue littéraire et religieuse du Bashguirdistan, du pays où campent les restes de la tribu des Bashguirds, dans la steppe sibérienne, entre Orenbourg et Zlatooust, est le persan; ces Turks lisent l'arabe, mais ils ne l'écrivent pas, car ils estiment que des hommes ne peuvent se servir d'un idiome qui est la langue du Paradis.

.·.

Le royaume de Tchaghataï poursuivait l'oulous de Perse d'une vindicte sanglante, sans avoir d'autre concept politique que de provoquer sa ruine, d'anéantir la puissance des descendants de Toulouï sur leurs trônes de Tauris et de Khanbaligh; il conserva la foi bouddhique beaucoup plus tard que l'Iran, et encore sa conversion fut-elle très superficielle.

L'islamisation des Mongols (1) se fit en trois fois, en trois

---

(1) Il s'agit de la conversion des Mongols qui avaient envahi l'ancien monde, sous les ordres de Tchinkkiz Khaghan et de ses généraux, de la famille royale et des troupes; il ne s'agit point des peuples qu'ils avaient soumis, et auxquels ils n'avaient jamais songé à imposer leurs croyances, ce dont ils se moquaient; le peuple persan, sous les gouverneurs mongols, puis sous les princes qui succédèrent à Houlagou, était resté fidèle à l'Islam, et la conquête mongole ne provoqua dans l'Iran aucune conversion au Bouddhisme; les Turks qui habitaient le Kiptchak avant l'invasion, eux aussi, étaient musulmans; il y avait des Musulmans, des Orthodoxes, des Bouddhistes, dans le Kiptchak, avant l'invasion mongole; de même, au Tangghout, dans l'Occident de la Chine, vivaient des Musulmans, des Bouddhistes, vraisemblablement aussi des Chrétiens; Rashid ad-Din, dans son *Histoire des Mongols*, t. II, p. 599, dit formellement que la grande majorité de cette contrée était musulmane, mais que les propriétaires fonciers, malgré Ananda, y étaient demeurés bouddhistes. L'invasion mongole bouleversa de fond en comble le statut politique des royaumes qu'elle foula aux

étapes successives, sous l'influence occulte d'un besoin que rien n'explique, ni politiquement, ni militairement, dont la Chine des empereurs de la dynastie Yuan sut toujours se garder, tandis que le Céleste Empire, à l'époque des Han, n'avait pas résisté à l'influence du Bouddhisme, qui avait monté dans les steppes de l'Asie Centrale, à Kashghar, à Khotan, qui fut sa terre d'élection, qui finit par être chassé et expulsé de l'Inde(1).

La première fut provoquée par Berkè, fils de Dsoutchi, dans le royaume de Toghmakh, dont la Russie était la vassale, au milieu du xiiie siècle (2); la seconde, avec Ghazan, en Perse, le 19 juin 1295 (1 Sha'ban 694); ce prince pouvait alléguer,

pieds de ses chevaux; elle fut pour eux l'origine d'une orientation tout autre que celles qu'ils avaient jusqu'alors connues, le principe d'un monde nouveau; elle ne changea rien à leur équilibre religieux; ce furent, au contraire, les princes mongols et leurs soldats qui finirent par adopter l'une des formules religieuses des peuples qu'ils avaient vaincus; les princes de la maison de Témoutchin, et leurs bataillons, qui pratiquaient un Bouddhisme élémentaire, se firent musulmans, par suite de cette raison évidente que l'Islamisme, en somme, traduit une série de concepts plus simples, plus accessibles, que ceux du Christianisme, que ceux mêmes du Bouddhisme, réduit à ses principes immédiats, mélangé aux pratiques magiques des sorciers altaïques, ce qui formait une sorte de Taoïsme, et ce qui était encore trop complexe pour l'intellect des Mongols. Bien que les Mongols soient aujourd'hui bouddhistes, il est clair que, sauf les membres de leur clergé, personne, parmi eux, ne se donne la peine de lire les interminables feuillets du *Kandjour*, encore moins ceux des commentaires du *Tandjour*; encore, les prêtres ne comprennent-ils pas grand'chose à ces décalques artificiels et mécaniques de la version tibétaine des écritures bouddhiques, laquelle constitue souvent une traduction difficilement compréhensible des textes sanskrits.

(1) Le Bouddhisme triompha dans l'Inde vers la moitié du iiie siècle avant notre ère, avec Açoka Priyadarçin; il fut introduit à Ceylan, à Lanka, vers la fin du iiie siècle, et il connut dans cette île une brillante fortune; il pénétra dans le Céleste Empire en l'année 65, sous le règne de Ming Ti des Han, mais il n'y prit de consistance qu'à une date voisine du commencement du ive siècle. Le Bouddhisme déclina rapidement dans l'Inde; au ve siècle, il florissait en Asie Centrale; il déclinait alors dans le Pandjab et dans les plaines arrosées par le Gange et la Djamna, tandis qu'il connaissait à Ceylan une très grande prospérité; il fut banni de la péninsule durant une longue période qui s'étend du ve au viiie siècle; cependant, il connut une renaissance dans certaines provinces de l'Hindoustan, où il régnait encore au viiie siècle, conservant même une très grande supériorité numérique; il compta, à Bénarès, beaucoup plus de fidèles que les cultes vishnouïtes jusqu'au xie siècle, jusqu'au xiie, dans le Goudjarate, tandis que ses disciples et ses fidèles avaient été chassés du Dekkan au viiie ou au ixe siècle.

(2) Berkè, troisième fils de Dsoutchi, était musulman du temps de son frère Batou, lequel mourut en 650 de l'hégire (1252).

pour expliquer son abjuration et excuser son apostasie, qu'il régnait sur un pays musulman, où tout ce qui revêt la moindre apparence d'opposition, de contradiction, avec la foi islamique, est suspect, et voué à l'hostilité du peuple; la troisième eut lieu dans les contrées de l'Asie Centrale, dans le royaume de l'Oulough Ef, dans les domaines de Sartaghol, avec un souverain qui portait le nom auguste de Dharmaçri « la Sainte Loi », vers 1325; la tentative que fit, au Tanggliout, le prince Ananda, en Extrême-Orient, à une date un peu antérieure à 1290, d'islamiser les Mongols de la Chine, était vouée dès ses origines, en son principe même, à un échec certain; elle n'eut point, et elle ne pouvait avoir de suites.

On sait, par un document dont l'interprétation ne laisse place à aucun doute, que le Bouddhisme régna en maître dans les plaines de l'Asie Centrale, dans cette contrée qui, à l'époque mongole, des marches de la Chine, de Khotcho à la frontière de l'Iran, fut l'apanage des princes de la lignée de Tchaghataï, jusqu'au premier tiers du xiv⁰ siècle.

Shihab ad-Din Aboul-'Abbas Ahmad al-'Omari (1297-1349), dans la partie de son encyclopédie, le *Masalik al-absar fi mamalik wal-amsar*, qu'il a consacrée à l'histoire de l'Extrême-Orient, dit, en parlant des princes de l'Asie Centrale : « Les souverains de ce royaume ne pratiquaient pas l'Islamisme avant une époque récente, dont la date est postérieure à l'année 725 (1325). Le premier de ces monarques, qui fit profession de la foi musulmane, fut Tarmashirin (1), qu'Allah lui fasse miséricorde! Il offrit à Allah un culte sincère; il défendit l'Islam avec une conviction irrésistible; il témoigna pour cette religion l'attachement le plus ferme. Il ordonna à ses généraux et à ses soldats de se convertir à la croyance musulmane; parmi eux, il se trouva des personnes qui avaient embrassé l'Islam avant qu'il ne le fît; d'autres obtempérèrent à ses

_____

(1) Transcription du nom sanskrit Dharmaçri « la Sainte Loi », avec le durcissement mongol du ç en *sh*, et l'adjonction d'un -a paragogique, sur laquelle je me suis longuement expliqué à plusieurs reprises. Il est assez inattendu que ce soit un prince portant ce beau nom bouddhique, et Ananda, qui portait celui du cousin du Bouddha, qui aient été les coryphées de l'Islam en Asie Centrale.

injonctions, et se firent musulmans. L'Islam se répandit alors
parmi eux, et son étendard flotta au-dessus de leurs têtes, si
bien que dix années (vers 1335) ne s'étaient pas écoulées que
les nobles et les gens du peuple, dans leur universalité, en
cette contrée, se trouvèrent réunis au sein de l'Islam. Les
imams, les juristes, les shaïkhs pieux, qui vivaient dans ce
royaume, aidèrent puissamment à cette œuvre (1)... Les souverains de cet empire, qui étaient les descendants de Djingiz Khan, et leurs sujets, continue Shihab ad-Din al-'Omari,

ولم تسلّم ملوك هذه المملكة الّا من عهد قريب فيها بعد خمس (1)
وعشرين وسبع ماية اول من اسلم منهم ترما شيرين رحمه الله واخلص
لله وايّد الاسلام وقام بد اشدّ القيام وامر به امرأة وعساكره فمنهم من كان
قد سبق اسلامه ومنهم من اجاب داعيه واسلم وفشا فيهم الاسلام وعلا
عليهم لواوه حتى لم تمض عشرة اعوام حتى اشتمل فيها بملاءته الخاص
والعام واعان على هذا ما فى تلك الممالك من الائمّة والعلماء والمشائخ
. . . . الاتقياء; man. arabe 2325, folio 50 recto.

وكان ملوك هذه المملكة من اولاد جنكز خان واتباعهم من المحافظ
على ياسه جنكز خان والتعبدات المعمولة فى اهل هذا البيت من تعظيم
الشمس والميل الى اراء البخشية تابعين لما وجدوا عليه ابادم يعضّون
عليه بالنواجد مثل تمسّك القان الكبير ومن فى مملكته بها بخذلان
المخذذين الاخرين بيلاد خوارزم والقبجاق واهل مملكة ايران وان كان
الملوك الاربعة من اولاد جنكز ومن نبعته نبعوا ومن افقد طلعوا لكن بهذه
المملكة والخطا اشدّ بياسته تمسّكا ولطريقته اتباعا ... وقد قدمنا التنبيد
على ان رعايا هذه المملكة وقراريتها اهلها من قدما الاسلام السابقين اليد
وكانوا مع كفر ملوكهم فى جانب الاعزاز والاكرام لا يتطرّق اليهم اذية
فى دين ولا حال ولا مال فلمّا آل الملك الى ترما شيرين كما ذكرنا
دان بالاسلام واظهره فى بلاده ونشره فى حافّتى ملكه واتبع الاحكام
الشرعية واقتدى بها

ibid., folio 51 recto et verso; ce passage a été copié, ou
plutôt abrégé, par Kalkashandi, dans son *Soubh al-a'sha*, t. IV, p. 450 de l'édition de Boulak, ce qui permet d'apporter quelques corrections au texte du
manuscrit du *Masalik al-absar*, lequel est loin de briller par sa pureté.

[53]

observaient scrupuleusement les prescriptions du Code de Djingiz Khan, et ils avaient soigneusement gardé les pratiques religieuses courantes chez les princes de cette dynastie, telles l'adoration du Soleil (1), l'obéissance aux avis des prêtres bouddhistes (2), suivant en cela les coutumes traditionnelles qu'ils avaient trouvées chez leurs pères, et s'y conformant d'une façon rigoureuse, à la manière du Grand Khan, et de ses sujets qui vivent dans son empire; cela, en contradiction avec les us des deux autres lignées de la famille de Djingiz, qui sont établies dans le Khwarizm (3) et dans le Kiptchak (4), et

(1) L'adoration du Soleil, chez les Mongols, est vraisemblablement une influence mazdéenne; le Mazdéisme, sous une forme élémentaire, s'était répandu dans les tribus des Turks et des Mongols; il avait été une mode à la cour chinoise, et tout ce qui était en faveur à Tchhang-gan l'etait chez les barbares qui vivaient sur les frontières du Céleste Empire; c'est par cette voie que le mot Khormouzda, transcription du parsi Hormuzda, a passé chez les Altaïques, où il désigne l'Indra bouddhique, que *tifim* en mongol est le grec ζάζημα, transcrit par l'intermédiaire d'une forme du moyen-persan, qui est devenue *dihim* dans la langue moderne, que le persan *debter* « livre », se retrouve dans les textes turks et mongols dans ce même sens, en mandchou sous la forme *debtelin*.

(2) *Bakhshi*, en turk et en mongol, transcrit le sanskrit *bhikshu* « moine mendiant », avec une altération vocalique analogue à celle que l'on remarque dans *erdéni* « joyau », qui est la forme courante dans ces idiomes du mot qui signifie « joyau », le sanskrit *ratna*, dont la transcription savante se trouve dans la langue mongole sous la forme *aratna*, avec un *a* préfixé, les langues altaïques ne tolérant pas un mot commençant par un *r-*, lequel est écrit en transcription persane sous la forme ارتنا.

(3) Le Khwarizm, à l'époque mongole, était en effet un apanage de la maison de Dsoutchi, de l'oulous de Toghmakh, et il n'appartenait point au royaume de Tchaghataï, dont il aurait heureusement complété les possessions; cette steppe du bas Syr-Daria forma l'apanage d'Oridé, fils ainé de Dsoutchi, qui y régna sur la Horde Blanche, et qui fut considéré comme le suzerain de tout l'oulous de Toghmakh, bien que son frère, Batou Khan, le chef de la Horde Bleue, fût le plus puissant de tous les fils de Dsoutchi. Jusqu'à l'époque de Témour Keurguen, le Khwarizm, la Horde Blanche, resta au pouvoir des descendants du prince Oridé, dont le dernier, Tokhtamish, l'adversaire du Conquérant, réunit sous son sceptre la Horde Bleue et la Horde Blanche, en 1378. Après l'extrême confusion qui caractérisa l'époque de la souveraineté des princes timourides, les Uzbeks de Mohammad Khan Shaïbani s'emparèrent du Khwarizm, en même temps qu'ils occupaient la Transoxiane, et, aux environs de l'année 1515, un khanat uzbek se fonda à Khiva avec Yilbars Khan, dont les successeurs régnèrent jusqu'en 1872, date à laquelle ladite principauté fut annexée à la Russie par l'empereur Alexandre II.

(4) L'oulous de Berké, la Horde d'Or, dont le prince s'était converti à la foi musulmane.

des gens qui vivent dans le royaume de Perse. Bien que les quatre souverains de ces royaumes soient des descendants de Djingiz Khan, bien qu'ils tirent leur origine de sa lignée, bien qu'ils se soient élevés (comme des étoiles brillantes) au-dessus de l'horizon de sa race, c'est dans le royaume de Tchaghataï et dans l'empire de Chine que ces princes sont restés le plus fidèlement attachés au Code de Djingiz, qu'ils ont observé avec le plus de ponctualité la foi dont il suivait les pratiques… Nous avons déjà averti le lecteur que des sujets de ce royaume de Tchaghataï, certains de ses habitants, qui vivaient dans les villes de cette contrée, étaient des Musulmans de vieille roche, qui s'étaient convertis anciennement à l'Islam. Bien que leurs rois fussent bouddhistes, ils étaient honorés et respectés, et ils ne souffraient aucun dommage, aucune gène, ni dans leur religion, ni dans leur statut, ni dans leurs biens. Quand le pouvoir échut à Tarmashirin, il se convertit à l'Islamisme, il le répandit dans son empire, il l'étendit jusqu'aux deux frontières de son royaume; il suivit les commandements de la Loi, et il se conforma à leurs préceptes (1). »

(1) C'est un fait certain que l'Islam s'était introduit dans les contrées de l'Asie Centrale à une haute époque, mais il était loin d'y avoir fait disparaître les autres formules religieuses qui l'avaient précédé dans les plaines à l'est de Kashghar; le Mazdéisme y était venu de Perse à une date reculée, à l'époque des Achéménides; le Bouddhisme y monta de l'Inde dès le premier siècle, peut-être à une date antérieure: Khotan devint sa terre d'élection, un paradis terrestre pour les brahmanas et les sramanas; ce fut par Khotan qu'il entra dans le Céleste Empire: il se répandit dans toute la Sibérie, dans la Laponie, dans le nord de la péninsule scandinave; les idoles des Samoyèdes, à l'embouchure du fleuve Yénisséï, se nomment *bolvan*, et leurs prêtres *shaman* : « Comme je lui demandai (à un Russe), dit Nordenskjöld (*Lettres racontant la découverte du passage Nord-Est et du Pôle Nord*, 1880, p. 96), comment les Samoyèdes pouvaient concilier ce culte (un Christianisme approximatif) avec leur croyance aux sorciers (*chamanes*), mon hôte me répondit qu'ils considéraient leurs *bolvans* (idoles) à peu près comme les saintes images (icônes) des Russes. » *Bolvan* est l'aboutissement du mot mongol-turk *bourkhan*, qui désigne étymologiquement le Bouddha Sakyamouni, puis une divinité en général; *bourkhan* = *boulkhan* = *boulfan*, avec *kh* = *f*, comme dans le persan سوخته *soukhta* devenu *softa* « étudiant en théologie », en osmanli, dans le turk *tagh* « montagne » devenu *taw*; *boulfan* a évolué en *bolvan* par l'équivalence *f* = *w*, laquelle est évidente. *Shaman* est le prakrit *samaṇa*, le sanskrit *sramaṇa*, qui désigne un prêtre bouddhiste, par opposition à *brâhmaṇa*, qui désigne les

Le Christianisme et le Bouddhisme ne disparurent point du royaume de l'Oulough Ef aussi rapidement que le dit Shihab

bouddhas, les pratyékabouddha, les arhat; des rives de la mer Arctique, le Bouddhisme, ou plutôt un aspect très abâtardi de cette forme religieuse, passa dans l'Amérique du Nord, comme le montre suffisamment le nom de *shaman*, que Curwood donne aux sorciers des Indiens dans le pays aux environs du lac Athabasca.

Les vieilles églises norvégiennes d'Urnès, Hitterdal, Borgund, des x°, xı°, xıı° siècles, les premiers sanctuaires chrétiens qui furent construits sous ces latitudes après la chute de l'Odinisme (Dahl, *Denkmale einer sehr ausgebildeten Holzbaukunst aus den frühesten Jahrhunderten in den innern Landschaften Norwegens*, Dresde, 1837; P. Victor. *Sur d'anciennes constructions en bois sculpté de l'intérieur de la Norvège*, Paris, 1842), se présentent à la vue du touriste étonné sous des aspects étranges, qui lui rappellent involontairement, dans une forme diminuée, le galbe des temples de l'Extrême-Orient, des accumulations, des superpositions, de toits triangulaires, qui rappellent les couvertures des édifices chinois, des temples japonais, des pagodes siamoises, birmanes, cambodgiennes, laotiennes, lesquelles reproduisent un type architectural sino-hindou, qui monta jusqu'aux rivages de l'Océan Arctique. Il fut créé, non dans les terres chaudes de l'Inde ou de la Chine du Sud, mais bien dans les contrées aux hivers rigoureux du Takla Makan, ou de la Chine du Nord-Ouest, comme le montrent suffisamment ses toits inclinés, qui devaient parer à l'accumulation de la neige, en la faisant glisser jusqu'au sol glacé.

Les toits de l'église de Borgund sont hérissés de dragons situés comme les antéfixes de la technique extrême-orientale. Ces dragons sont l'une des caractéristiques essentielles de la civilisation du Céleste Empire; des serpents, les *nâga* du Brahmanisme, des dragons, des chimères, dans de gros rinceaux ornés de fleurs, décorent le portail de l'église d'Hitterdal; cette décoration, comme j'ai eu l'occasion de le faire remarquer dans les *Notices et Extraits*, t. XLI, p. 315, est l'ultime stylisation des ornements qui couvrent les stoupas hindous, laquelle est née de l'introduction dans un motif floral d'origine hellénique, importé du royaume gréco-bactrien dans les plaines du Djamboudvipa, de thèmes purement extrême-orientaux, le *nâga* hindou, le *loung*, le *khi-lin*, la licorne, de l'empire chinois; au second siècle de notre ère, les rinceaux helléniques se trouvent dans toute leur pureté originelle, sans ces superfétations écrasantes, dans une forme splendide, dans les sculptures délicates du stoupa d'Amarawati.

Le serpent et le dragon figuraient sur les étendards des Francs; les navires des Northmans et des Varègues portaient à leur poupe et à leur proue des têtes de dragons, qui leur avaient donné leur nom; au v° siècle, les Saxons et les Bretons qui combattent en Angleterre portent sur leurs étendards, les premiers un dragon blanc, les seconds un dragon rouge; au milieu du xıı° siècle, l'enseigne du roi d'Angleterre se nommait le dragon; *snake* est (s)*nake*, transcrivant le sanskrit *nâga* ▪ serpent ▪ comme (sch)*läng* est le chinois *löng*, transcrivant le sanskrit *nâga*. Le svastika hindou, que les Turks musulmans de l'Asie Centrale dessinent encore sur leurs maisons, est un signe cabalistique pour les Germaniques, et il est au xx° siècle l'emblème des nationalistes allemands; j'ajouterai que la lecture des bylines du xı° siècle montre que les Slaves avaient des

ad-Din al-'Omari, et qu'on l'enseigne généralement, car Ibn
'Arabshah, dans son *'Adjaïb al-makdour*, nous apprend que

boucles de ceinture formées de deux dragons chinois; l'ornementation des anciens
manuscrits anglo-saxons fourmille de serpents, de dragons, de la stylisation de
ces énormes rinceaux, qui a fini par aboutir à la technique des entrelacs, qui
sont caractéristiques de cette méthode germanique; la légende anglo-saxonne
et allemande est encombrée du souvenir de ces dragons, des génies, des
Niebelung, qui vivent sous la terre, ou au fond des eaux, qui y gardent l'Or,
le Rheingold, qui sont les descendants des Gryphons d'Hérodote. des Turks, qui,
aux époques anciennes, fouillaient, pour le compte des Avares, les flancs de
l'Altaï, la montagne d'Or, pour en extraire le métal aux reflets rougeâtres.
On montre au Tibet, dans les environs des sources du Fleuve Jaune, les orifices
des chemins souterrains qui mènent au pays des dragons, les *nâga*, qui sont les
gardiens des trésors, et par lesquels les Hindous entendaient les Turks de
l'Altaï, qui, avec les Indo-Scythes, les Sakas, firent la conquête du Kashmir. où
les place l'épopée hindoue.

Les bois de charpente qui entrent dans la construction de ces étranges sanctuaires du Fils de Dieu sont recouverts à la chinoise d'un vernis d'une puissante
couleur vermillon, ou d'un brun chaud. Les églises du nord de la Roumanie,
à Cuchnia Maramures, à Tiurea (1750), reproduisent ce type norvégien, sous
une forme diminuée, qui est le souvenir d'une technique que les Hongrois
apportèrent d'Asie en Europe; des portes, surmontées d'un auvent à la chinoise,
paraissent à Oltenie; ce style n'est nullement, comme on le prétend, l'aboutissement de l'ogival que Villard de Honnecourt, au xiiiᵉ siècle, aurait apporté en
Roumanie.

Les Francs et les Varègues, les Germaniques, aux temps lointains, vécurent
en Asie Centrale, dans la vicinité de la civilisation chinoise, mélangés aux
Altaïques, Turks et Tonghouzes, avec lesquels ils révèrent l'anéantissement
des royaumes de la terre chinoise, la destruction de la Perse et des civilisations méditerranéennes; l'ambiance extrême-orientale, à la fin de l'Antiquité,
et au moyen âge, s'avança jusqu'aux marches européennes, où campaient leurs
clans, lorsque leur marche vers l'Occident les eut transportés sur les confins
du Saint Empire et de la civilisation romaine; ces faits expliquent l'influence
extrême-orientale qui s'exerça sur la pensée germanique, et que l'on retrouve,
sous des formes étranges, dans les vieilles églises scandinaves, dans la légende
héroïque des Goths, dans les Niebelungen, dans la *Bataille de Ravenne*, dans
les poésies danoises, où les déesses du Walhalla sont peintes des couleurs des
divinités indiennes, dans l'ornementation des livres anglo-saxons.

Le Manichéisme vint de Perse en Asie Centrale, quand le roi sassanide Bahram II
fit massacrer les adeptes de la secte dans toute l'étendue de son empire; c'est
à tort que le *Fihrist* dit que ce fut Khosrau (Anoushirwan) كسرى (man. arabe
4458, folio 209) qui fit tuer Mani; c'est là une erreur absolue : Shahristani (man.
arabe 1406, folio 75 verso) dit formellement que Mani parut sous Sapor, fils
d'Ardashir, et fut massacré par Bahram, fils d'Hormazd, fils de Sapor; Anoushirwan anéantit la secte de Zaradousht ibn Khourragan, qui était un Mazdéen
hérétique, et celle de Mazdak, qui était également un hétérodoxe zoroastrien;
rien ne dit, d'ailleurs, que les Manichéens, qui ne valaient pas mieux que les
sectateurs de Zaradousht et de Mazdak, n'aient pas été pris dans la bagarre;
il est plus que probable qu'ils le furent, et il ne serait pas très surprenant

Témour Keurguen « avait dans son armée des Turks qui adoraient des idoles (des Bouddhistes), des Persans qui profes-

que les Nestoriens aient été, à cette date, jusqu'à un certain point, compris
dans cette persécution; Shahristani dit formellement (*ibid.*, folio 77 verso) que
les doctrines des Mazdakites ressemblaient aux théories des Manichéens. Kisra,
au xᵉ siècle, désigne très généralement Khosrau Anoushirwan et Khosrau
Parwiz; mais ce nom est souvent un terme collectif s'appliquant, sous le kalam
des auteurs arabes, surtout au pluriel الأكاسرة, par antiphrase avec قياصرة
« les empereurs grecs », pour désigner un souverain sassanide quelconque; il
se peut que j'aie mal interprété la pensée d'Ibn an-Nadim dans *les Peintures
des Manuscrits orientaux de la Bibliothèque nationale*, p. 205. Les persécutions
des Abbassides, au xᵉ siècle, forcèrent les descendants des Manichéens, qui
avaient réussi à échapper à Bahram II, à aller se réfugier en Asie Centrale. Le
Nestorianisme pénétra dans le Tarim, venant également de Perse, au vıᵉ siècle,
quand l'évêque de Nisibe, Barsauma, répandit dans tout l'Iran cette forme
inférieure du Christianisme; l'on sait qu'à l'époque mongole, le Nestorianisme,
protégé, ou tout au moins largement toléré, par les descendants de Témoutchin,
fut solidement organisé en Asie Centrale, sous les espèces d'une administration
savante, par Mar Danha, patriarche de Baghdad, en 1265 (Wieger, *Textes
historiques*, 1981), avec les archevêchés de Samarkand, Namangan, Almaligh,
Kashghar, les évêchés de Toghmakh, Yarkand, Ouroumtsi (Besh-baligh). Même
dans le Céleste Empire, où l'esprit de réaction contre les cultes étrangers est
un dogme national, le Nestorianisme, introduit en Chine, vers 635, par la voie
de la Perse, persécuté en 698, 699, 712, condamné en 845, sous Wou Tsoung
des Thang, officiellement anéanti vers 987, ce qui n'empêche qu'en 878, il y avait
encore des Nestoriens à Canton, quand le rebelle Hoang Tchao s'en empara,
rétabli par les Yuan, le Nestorianisme ne disparut qu'avec leur dynastie; il est
certain qu'il continua à vivre dans les plaines de l'Asie Centrale, où ses ministres
se chamaillaient avec les Bouddhistes et les Musulmans; même en Chine, le
Manichéisme, proscrit en 843, par Wou Tsoung, se maintint jusqu'au commencement du xıııᵉ siècle, aux « Trois Montagnes », en amont de Nan-king; la
secte du « Nuage Blanc », fondée en 1108, à Hang-tchéou, par un certain Khoung
Thsing-kio, reconnue par un rescrit de l'empereur mongol Ayourparibhadra
Bouyantou Khaghan, est une variante, l'héritière, des doctrines de la secte
manichéenne; c'est en vain que les Ming et les Taï-Thsing proscrivirent et
excommunièrent les adeptes du « Nuage Blanc ». La lecture des traités composés
à la Chine par les Jésuites, au xvıᵉ siècle, montre que les lettrés célestes qui les
documentèrent avaient une pleine conscience de l'existence des Manichéens, à
cette date, dans l'Empire du Milieu, et les Boxers, au commencement du xxᵉ siècle,
eurent des accointances avec ces sectaires. A plus forte raison, le Manichéisme
se maintint-il en Asie Centrale; l'histoire de la dynastie des Song nous apprend
que des Manichéens vivaient tranquillement à Tourfan en 981-984 (Wieger,
ibid., 1742); un voyageur persan, très bien informé, a signalé leur présence en
Asie Centrale, sous la domination des officiers mandchous en 1801 (*Études
sur le Gnosticisme musulman*, p. 165); il serait plus qu'imprudent, je m'expli-
querai plus tard sur cette question, de soutenir que leurs descendants ont disparu
de la cité de Khotcho, qui vit encore à quelques lieues de Tourfan. L'Islam
était si peu le maître de l'Asie Centrale qu''Ala ad-Din 'Ata Malik al-Djouwaïni
a osé écrire dans le *Djihangousha* (édition de Mirza Mohammad Kazwini, I,

saient le Magisme et qui, à ce titre, vénéraient le Feu, des

p. 9, lignes 10-18) que l'un des bienfaits de la conquête mongole, le plus grand à ses yeux, de toute évidence, fut d'avoir répandu l'Islam jusqu'aux provinces les plus lointaines des pays d'Orient, où il n'avait jamais pénétré; ce qui a conduit Hamd Allah Mostaufi Kazwini à écrire, sous une forme véritablement singulière, dans son *Nozhat al-kouloub* (p. 262), en 1339, qu'avant son époque, dans les provinces de la Transoxiane, les hommes étaient doués de grandes qualités militaires, et qu'ils avaient besoin d'être constamment sous les armes, pour lutter contre les Bouddhistes. C'est un fait certain, qu'en la cinq cent quarante-troisième année de l'hégire (1148), le Khwarizmshah Atsiz, fils de Kotb ad-Din Mohammad, s'en alla faire une expédition contre les Turks infidèles

كُفَّار, à Djand, à dix jours, environ trois cents kilomètres, dans le nord de Khwarizm, sur le Syr-Daria (*Djihangousha*, t. II, p. 19); à l'époque de Djouwaïni et de Rashid, à la fin du XIIIe siècle, et au commencement du XIVe, le terme de

كُفَّار désigne d'une façon certaine les Bouddhistes, et non les Chrétiens.

C'est vers 1250, ou à une date postérieure, dans le XIIIe siècle, que se place la copie d'un livre ouïghour, intitulé *Tishastvoustik*, lequel a été publié, traduit et commenté par W. Radlof et A. von Staël-Holstein (*Tišastvustik ein in türkischer Sprache bearbeites buddhistisches Sutra, Bibliotheca Indica*, XII, Saint-Pétersbourg, 1910). Radlof (*Introduction*, II) fait remarquer que l'écriture de ce manuscrit est identique à celle d'un autre livre dont la date ne peut se placer avant le XVe siècle; mais l'affirmation suivant laquelle la graphie ouïghoure n'aurait subi aucune évolution depuis le IVe ou le Ve siècle jusqu'au XVe, est purement gratuite; c'est là un postulatum, qui ne sera admis par aucune personne tant soit peu au courant des modalités de toutes les paléographies, grecque, latine, française, allemande, arménienne, indienne, arabe, persane, turque; deux inscriptions cunéiformes monumentales, sur pierre, non les graphies rapides avec une aiguille sur brique, distantes d'un millénaire, présentent des variantes d'exécution notables, au moins pour les personnes qui lisent le cunéiforme; la graphie hiéroglyphique elle-même, la plus figée, la plus conservatrice de toutes, la plus immuable, ne laisse pas de présenter à un œil exercé certaines variations fatales au cours de dix siècles; une inscription gravée sous le règne de Darius, fils d'Hystaspe, calque volontairement une épigraphe de Ramsès II, mais mille années ne passent pas sur une habitude, sur une tradition, sans en modifier l'aspect, sans altérer les espèces sous lesquelles elle se présente, et ses apparences. En fait, l'écriture de la *Tishastvoustik* n'est point le caractère ouïghour, mais bien la graphie mongole, comme le montre la notation des voyelles, qui discrimine *a* ᠠ de *e* ᠡ, et écrit ᠥ, *o*, *u*, *ö*, *ü*, qui distingue ᠺ *k* de ᠻ *ḳ* et *kh*, comme l'écriture du *Miradj* (1436) et du *Koutatkou-bilik* (1439), ce qui est essentiellement mongol; Ibn 'Arabshah (*Histoire de Tamerlan*, man. arabe 1900, folio 167 recto) dit formellement que l'écriture des Ouïghours, au XVe siècle, est la graphie mongole, et cette affirmation se trouve confirmée par les termes dans lesquels s'exprime l'auteur qui, quarante années plus tard, écrivit l'histoire du second empire mongol; dans son *Matla' as-sa'daïn*, 'Abd ar-Razzak de Samarkand, parlant des lettres que le Daï-Ming écrivit à son vassal, Shah Rokh Bahadour, prince de Perse, vers 1419, dit (*Introduction à l'histoire des Mongols*, p. 267) qu'elles se présentaient sous les espèces de trois répliques, l'une ⸱ rédigée en langue turke, écrite dans la graphie mongole, qui est (ce qu'on a l'habitude de

sorciers et des magiciens, des ministres des cultes d'erreur

nommer) l'écriture ouïghoure ». C'est un fait patent que la graphie des livres dits ouïghours, au xv° siècle, est radicalement différente de l'écriture des Ouïghours qu'Ibn 'Arabshah avait vue de ses yeux au commencement de ce siècle, et dont il note, comme caractéristique essentielle, cette particularité qu'elle confond sous le même signe des articulations *a* et *e*, *k*, *ḳ*, *kh*, lesquelles sont discriminées par la graphie mongole, par celle du *Miradj*, du *Bakhtiyar-nama*, du *Koudatkou bilik*, à une date très postérieure à l'époque mongole.

Le fait est évident quand l'on compare la graphie de la *Tishastvoustik* à celle de tous les documents ouïghours, ou plutôt turks-orientaux, écrits dans les caractères dits ouïghours, dont Radlof a donné des reproductions dans son édition du *Koudatkou-bilik;* la graphie ouïghoure est essentiellement fine; elle est tracée cursivement, rapidement, par lignes horizontales, avec un kalam délié et taillé très fin; l'écriture du *Miradj-nama* en est le type achevé; l'on en trouvera des exemples caractéristiques dans plusieurs des planches des *Peintures des Manuscrits orientaux de la Bibliothèque nationale* et dans la reproduction zincographique du *Tazkirat al-aulia;* l'écriture mongole possède des caractéristiques absolument différentes: ses éléments sont de trois à quatre fois plus gros, écrits lourdement et lentement, avec un style taillé très large, très lentement, en lignes verticales et non horizontales, ainsi que le mandchou, qui en est une variante diacritisée, inventée au xvii° siècle.

Cette énorme variante de la graphie ouïghoure a été créée sur les ordres de Témoutchin, tout au commencement du xiii° siècle, comme on le sait par l'affirmation des historiens orientaux; les points diacritiques de l'écriture ouïghoure sont certainement, d'une façon indubitable, un emprunt au système graphique arabe et persan, lequel n'a pu être effectué avant les dernières années du x° siècle, peut-être même au commencement du xi°; la présence de ces signes dans la *Tishastvoustik* empêche d'y voir une graphie du v° siècle, ou du vi°, du vii°, alors que ces points n'avaient pas encore été inventés en Mésopotamie.

La gaucherie, la maladresse des Mongols, qui savaient mieux manier une lance qu'un kalam, chez lesquels tous les gens qui exerçaient un métier où il faut écrire furent des Ouïghours, expliquent qu'ils aient transformé la finesse de l'écriture ouïghoure en la lourdeur, en l'épaisseur de la graphie mongole, et que les Ouïghours, qui inventèrent cette écriture pour Témoutchin, l'aient faite aussi grosse que possible pour que ses cavaliers ne soient pas embarrassés par sa lecture. Encore aujourd'hui, les Tatars de Kazan tracent lentement leurs lettres énormes, et n'en font pas beaucoup dans leur journée.

Cette énorme graphie mongole, appliquée au turk, au tchaghataï, a disparu dans le pays de l'Oulough Ef, de Kashghar à Tourfan, Sha-tchéou, avec les princes de la lignée de Tchinkkiz, qui se convertirent à la foi islamique, vers la fin du premier tiers du xiv° siècle, si bien que la copie de la *Tishastvoustik* se place entre 1230 et 1330; le manuscrit a été restauré à une date inconnue, vers 1410, avec de petits morceaux de papier, sur lesquels l'un de ses possesseurs a écrit, dans une brahmi très cursive, des gloses conçues en langue sanskrite; c'est un fait curieux que certains manuscrits, en Orient, s'abîment très vite, et demandent une réfection complète; l'un des meilleurs exemples en est fourni par une splendide copie de l'un des masnavis de Nizami (man. supplément persan 985), qui fut enluminé vers 1540, à Boukhara, en Asie Centrale, pour le sultan shaïba-nide 'Abd al-'Aziz; quatre-vingts ans ne s'étaient pas écoulés que, par suite d'un

et des infidèles (1). Les Chrétiens portaient leurs croix; les sorciers récitaient leurs incantations en prose assonnée; ils mangeaient de la chair d'animaux qui n'avaient pas été abattus suivant les formes légales, et du sang qui avait jailli de leurs plaies (2) ».

En l'année 840 de l'hégire (1436 de J.-C.), date à laquelle cet auteur, d'une très grande précision, écrivit son histoire de Témour, il y avait encore des Bouddhistes dans le Kiptchak, ce qui n'a rien d'extraordinaire, quand l'on songe qu'il y en a encore de nos jours à Kazan, et dans ces contrées au delà de

accident, l'on fit refaire, à Isfahan, vers 1620, par Riza-i Abbassi, ou l'un de ses émules, le tableau initial de cette merveille. La prétendue sécheresse d'hypogée égyptien qui, dans le Turkestan, conserverait indéfiniment le papier des manuscrits est un mythe (*Journal of the Royal Asiatic Society*, 1911, pp. 163-169). Radlof place cette restauration de la *Tishastvoustik*, et ces additions, vers le xi° siècle, ce que je crois impossible pour les raisons données plus haut; mais il n'en reste pas moins certain que cette date du xi° siècle est infiniment postérieure à celle, arbitraire, du viii°, que l'on est convenu d'assigner à l'extinction de l'écriture dite brahmi (*Les Peintures des Manuscrits orientaux de la Bibliothèque nationale*, 215, 216, et Note additionnelle). Dans son commentaire sur le texte de cet ouvrage, p. 50, Radlof explique le turk *erat* « l'ensemble des hommes qui vivent sur la terre » par un dvandva signifiant « homme-cheval », *er* étant homme, et *at* cheval, et il prétend que ce mot turk a été emprunté par le mongol sous la forme *arat*; le sémantisme qui expliquerait l'évolution du concept « homme-cheval » en « humanité » est au moins étrange, même chez des peuples où l'on mettait les enfants, garçons et filles, sur une selle à trois ans, comme dans les clans cosaques; si l'on tenait à comprendre « homme de cheval », ou homme-cheval, il faudrait *at-er* et non *er-at*; *arat*, en fait, est le pluriel mongol régulier en *-at* de *'ar* « homme », qui est le sanskrit *nara*, avec la chute de l'*n*- initial, qui devint *er*, en turk, par suite d'une évolution de l'harmonie vocalique dont il y a de nombreux exemples; *erat, arat* est une forme tonghouze introduite dans les dialectes turks, et mieux, une forme altaïque, sans présumer davantage si son aspect est tonghouze ou turk, avec le pluriel altaïque commun en *-at*, qui signifie « les hommes ».

(1) Il s'agit ici des sorciers chamanistes des Turks fétichistes, qui n'étaient ni chrétiens, ni bouddhistes, ni musulmans, qui étaient un peu chrétiens, un peu bouddhistes et un peu fétichistes, comme le sont encore aujourd'hui les Lapons et les populations misérables qui vivent sur les bords de l'Océan Arctique.

(2) وكان فى عسكره من الترك عبدة الاصنام * وعبّاد النار من المجوس الاعجام * وكهنة وسحرة * وظلمة وكفرة * فالمشركون يعملون اصنامهم * والكهان يسجعون كلامهم * ويأكلون الميتة والدم المسفوح * ; man. arabe 1900, folio 166 verso.

la Volga : « Le pays de la steppe, dit-il, se nomme Dasht-i Kiptchak et Dasht de Berké; *dasht*, en langue persane, signifie la steppe; Berké, dont le nom lui a été appliqué pour la désigner, est le premier monarque de ce pays qui ait fait profession d'Islamisme, qui y fit flotter les étendards de la foi musulmane; les habitants de ce pays adoraient seulement les idoles, ou ils étaient Chrétiens, ne connaissant ni la foi musulmane, ni le culte du vrai Dieu; il s'y trouve encore de ces gens, jusqu'aujourd'hui, qui adorent les idoles (I). »

Et cela n'était point pour scandaliser Témour, ni les princes de sa famille, ni ses généraux, car, comme nous l'apprend Ibn 'Arabshah, dans l'*Adjaïb al-makdour*, le conquérant de l'Inde « était extrêmement respectueux des principes qui formaient le grand Yasak de Tchinkkiz Khaghan, lequel lui tenait lieu du code de jurisprudence islamique, et auquel il donnait le pas sur les traités de la loi musulmane, comme en usaient tout le Tchaghataï, les gens de la Horde, les habitants du Khita, un ramassis de brigands qui faisaient passer les préceptes édictés par Tchinkkiz, qu'Allah le maudisse! bien avant les enseignements de l'Islam; le shaïkh Hafiz ad-Din Mohammad al-Bazari et le shaïkh 'Ala ad-Din Mohammad al-Boukhari ont rendu des arrêts témoignant de l'infidélité de Témour, et de tous ceux qui donnaient leur préférence aux décisions édictées par Tchinkkiz, et dédaignaient les principes de la Loi musulmane. On dit que ce fut Shah Rokh qui abolit le Code de Tchinkkiz et les instructions de ce prince, qui ordonna que, désormais, on se conformât dans son empire aux enseignements de la Loi de l'Islam » (2).

(1) وبلاد الدشت تدعى دشت قفجاق ودشت بركة * والدشت باللغة الفارسية * آسم للبرّية * وبركة المثنائ اليه هو اوّل سلطان اسلم ونشر بها رايات الملّة الاسلامية * وانّما كانوا عباد اوثان * واهل شرك لا يعرفون الاسلام والايمان * ومنهم بقية يعبدون الاصنام الى هذا الاوان *

ibid., folio 32 verso.

(2) *Djihangousha*, t. I, préface de Mirza Mohammad Kazwini, p. صو, note. La partie de cette préface qui contient la biographie d''Ala ad-Din 'Ata Malik a été copiée par Barthold dans l'*Encyclopédie de l'Islam*.

Ce fut également à une date voisine du milieu du xve siècle que l'Islam triompha d'une façon officielle dans les provinces d'Europe qui avaient jadis fait partie du royaume de Toghmakh, et qui n'étaient point encore soumises au sceptre des tsars de Moscou; son triomphe dans ces pays fut définitif, et il en fit disparaître jusqu'au souvenir des anciennes confessions qui y avaient vécu. Les Tatars de Crimée s'étaient bien convertis à la foi musulmane, à l'époque à laquelle Berkè, souverain de la Horde, avait eu la singulière idée d'abjurer le Bouddhisme; mais ils demeuraient de très mauvais adeptes de la foi islamique; jusqu'aux environs de 1450, ils pratiquèrent un Islam sommaire, réduit à ses éléments essentiels, fortement mélangé de ce chamanisme, qui, avec des influences bouddhiques évidentes, était la formule primitive de la religion des Altaïques, dans laquelle prédominait, comme chez les Samoyèdes et les Lapons, le rôle et l'office des sorciers, des magiciens, des devins.

Il fallut attendre le règne de Hadji Guiréï, fils du célèbre Tokhtamish, qui avait eu l'héroïque audace de tirer l'épée contre Tamerlan, pour que l'islamisation de la Crimée fût définitive; Hadji Guiréï (1420-1466) régna aux mêmes heures que Shah Rokh Bahadour, fils de Tamerlan; avant lui, des Chrétiens, en Crimée, vivaient au milieu des Tatars chamanistes, et ils vénéraient une sainte Vierge, près de Bakhtchiséraï.

Encore, les édits de Shah Rokh Bahadour n'engageaient-ils que les princes timourides, leurs troupes, leurs fonctionnaires, dans l'étendue de leurs domaines; ils ne pouvaient porter une atteinte sérieuse au statut des populations qui vivaient dans les provinces orientales de la Transoxiane, encore bien moins prévaloir contre les habitudes et les coutumes traditionnelles des Turks d'Asie Centrale, sur les frontières du Kan-sou, et faire disparaître les formes religieuses qui disputaient à l'Islam la conscience des Altaïques dans le royaume de Sartaghol.

En l'année 1420 (1), les ambassadeurs que Shah Rokh Bahadour envoya au Fils du Ciel passèrent par les villes lointaines de Tourfan et de Khotcho, qui constituèrent deux des étapes

____

(1) *Notices et Extraits*, xiv, p. 389.

du long chemin qui les conduisait à la Chine; ils y trouvèrent une population composée en grande majorité d'idolàtres, qui révéraient Sakyamouni dans des temples ornés de fresques splendides, vivant dans une tranquillité relative en la vicinité de Musulmans, qui, avec plus ou moins de raison, se prétendaient d'authentiques descendants du Prophète. L'auteur de la relation de cette ambassade ne parle pas des Manichéens, qui, à cette époque, vivaient sur ces marches du Khita, au même titre que dans les provinces du Céleste Empire; soit qu'il n'ait pas eu l'occasion de connaître leur existence dans des localités où ils étaient aussi mal vus par les sectateurs de Mahomet que par les fidèles de Sakyamouni; soit, ce qui est assez vraisemblable, parce qu'il ne les distingua pas des Bouddhistes, avec lesquels les confondaient leur type ethnique, leur façon de se vêtir (1), jusqu'au style et à la manière des peintures qui décoraient leurs églises.

C'est un fait certain qu'en l'année 1801 de notre ère, Ibn Iskandar Zaïn al-'Abidin Shirwani rencontra dans les parties les plus occidentales du Takla Makan, tout au fond du Tarim, dans ces districts que les auteurs musulmans des temps anciens regardent comme la fin du pays de Sin, des Manichéens مانویان et des Bouddhistes خانیان, mélangés à des personnages affiliés à toutes les sectes de l'Islam, qui vivaient tranquillement dans cette contrée hospitalière (2). Il en faut nécessairement conclure qu'à l'Ouest, comme dans l'Est, à Khotan et Kashghar, comme à Tourfan, à Khotcho, à Ouroumtchi, au xıxᵉ siècle, comme

(1) Voir page 18.

(2) J'ai déjà eu autre part l'occasion de faire remarquer qu'il n'y a aucun motif plausible de mettre en doute la bonne foi de cet excellent géographe, dont toutes les assertions se trouvent exactes, quand on peut les vérifier; il raconte dans son traité de géographie (man. suppl. persan 1305, folio 131 recto) qu'en 1801, il passa dans l'Hindoustan, poussa jusque dans le Dekkan, qu'il vit dans ce pays les adorateurs des idoles et les Zoroastriens, puis qu'il remonta dans le Sind, puis dans le Kashmir, traversa les montagnes, où il eut beaucoup de mal, et où il vit les Kalandars, les Pandj-piran, les « Vêtements noirs »: il passa par Kaboul dans le Tokharistan, dans le Touran et le Turkestan, qui sont l'extrême fond du Tarim, dans le Badakhshan, et, au cours de ces pérégrinations sur les marches de l'Iran et de l'Asie Centrale, il rencontra des Nakshbandis, des Tchishtis, des « Habits blancs », des Ismaïliens, des Manichéens, des Chinois, des Mazdakites, et même des Khourramis.

au xve, comme dans les années du haut moyen âge, le statut de toute l'Asie Centrale n'avait subi aucune altération, que les variations politiques et religieuses de ses maîtres étaient des fantaisies sans portée, que le peuple ignorait sagement, et dont il ne tenait aucun compte. En l'année 1865, les Tounganis musulmans de l'Altaï se soulevèrent contre la domination des empereurs mandchous, dans les villes de la ligne du Nord, à Kutché, à Karashahr, à Ouroumtchi; la province de l'Ili, l'ancienne patrie des Turks occidentaux, se révolta, et toute la partie occidentale du Takla Makan suivit le mouvement : Khotan et Yarkand furent prises, et des milliers de Bouddhistes tombèrent sous les coups des sectateurs du Prophète. Cette formidable insurrection menaça la sécurité du Céleste Empire; les Musulmans s'y donnèrent carrière, de Tourfan et Khotcho à Khotan et Yarkand; ils pillèrent les biens des gens qui ne pensaient pas comme eux, et ils les passèrent au fil de l'épée(1);

(1) Ya'koub Khan, le Badaulat, souverain de Kashghar, en 1867, battit les Tounganis, et soumit à son autorité tout le Turkestan, jusqu'à ses frontières les plus lointaines, jusqu'à Khamoul, Tourfan, Ouroumtchi; les Célestes ne tardèrent pas à reprendre l'offensive pour récupérer l'Asie Centrale; en 1876, ils se rendirent maîtres d'Ouroumtchi, après l'avoir assiégée, et ils poursuivirent les fuyards jusque dans Manas, où ils les massacrèrent, en mê ne temps que, probablement, la population de cette ville; la fortune du Badaulat se termina à Tourfan, dans une « grande » bataille, au cours de laquelle les Célestes lui infligèrent une défaite complète (Boulger, *The life of Yakoob Beg, Athalik Ghazi, and Badaulat*, 1878), les détails et les particularités de cette histoire sont peu connus, faute de textes. Les Musulmans, à cette époque, crurent bien que leur triomphe était définitif, et que c'en était fait pour l'éternité du pouvoir de la Chine en Asie Centrale; ils commirent tous les excès, et saccagèrent les biens des Bouddhistes et des communautés chrétiennes qui vivaient dans ce pays lointain, à Tourfan, Khotcho, et autres villes. La ruine de certaines, telle Khotcho, fut consommée. Khotcho, anciennement Kao-tchhang, est une Gotchan-Gutchen, au même titre qu'une autre ville qui porte ce même nom, au nord du Thian-shan, sur la ligne Barkul — Tchi-teï-siang — Gutchen — San-taï — Ouroumtchi. La théorie suivant laquelle les monuments bouddhiques, chrétiens et manichéens, de la ville de Khotcho auraient été détruits lors de la prétendue conversion de l'Asie Centrale, immédiatement après 715, que la ville elle-même fut anéantie par les Kirghizes vers 810 (voir sur ce point *Les Peintures des Manuscrits orientaux de la Bibliothèque nationale*, 1911-1920, page 210), est une simple hypothèse dont le second aspect est notoirement controuvé par ce que racontent les livres chinois, seule source de l'histoire de ces contrées du Hsi-yu. Les archéologues qui ont visité cette localité admettent que tous les papiers que les habitants de la Khotcho actuelle tirent de leurs ruines, et dont ils se servaient jusqu'aux envi-

la Russie y trouva son compte, et annexa l'Ili, que l'empereur
Alexandre III rétrocéda à son voisin de Pékin, lequel lui paya
une bonne somme en roubles, pour le remercier d'avoir *admi-
nistré* en son nom durant treize années cette province lointaine
du pays turk.

L'existence simultanée dans les contrées de l'Asie Centrale
du Bouddhisme et de l'Islamisme (1), jusqu'à une date récente,
donne la solution d'un des problèmes les plus obscurs qui se
posent dans l'histoire de l'évolution du Soufisme persan,
en montrant les origines de la doctrine de l'anéantissement
absolu de la créature après la mort, de son extinction définitive dans le vide du néant فنا (2).

rons de 1900, pour faire des réparations de fortune à leurs misérables maisons,
sont du vIII[e] ou du IXe siècle; mais il faudrait qu'il en ait existé un stock
incommensurable pour avoir suffi à cet usage durant plus de dix siècles.

(1) La coexistence du Christianisme et de l'Islam dans ces régions n'a pas
été sans laisser des traces tangibles; l'on trouve, dans le récit en turk-oriental
de l'Ascension de Mahomet, qui fut illustré en 1436, l'image d'un ange musulman
qui a quatre têtes; chacune de ces têtes est celle d'un des animaux qui sont les
attributs des Évangélistes (man. suppl. turc 190, folio 32 verso); c'est un moine
nestorien de Chaldée, ou peut-être un missionnaire catholique, qui s'en vint au
Tibet, au xve siècle, et qui donna des leçons au bonze Tsong-ka-pa de Lhassa (né
en 1417), lequel fonda la secte réformiste des bonnets jaunes, contre les bonnets
rouges de Hphags-pa; Tsong-ka-pa eut deux disciples, dont le plus connu est
Dalaï-lama; dalaï-lama signifie « l'Auguste Lama »; *dalaï* est une forme mongole,
dérivée, par certains intermédiaires, du persan *daryâ* « mer »: *daryâ*, sous une
forme plus ancienne *daryâb*, est en pehlvi *daryâw;* c'est une forme perse
dari-âpa, sanskrit *hari-âpa*, zend *zairi-âpa*, d'où le pehlvi *zrâi* « l'eau verte, la
mer, la (mer) immense, l'immensité (de la mer) »; ce sens évolué se retrouve
dans la terminologie des Mystiques, lesquels, par *daryâ* « mer », entendent
signifier l'essence de la Divinité, qui est infinie et indéfinie, comme les flots
azurés de l'Océan. C'est par un phénomène sémantique analogue qu'en arabe les
mots بحر، قاموس et قمقام, qui signifient tous les trois « mer », s'emploient, sans
autre détermination, pour désigner, le premier, un homme d'une générosité
infinie, les autres, des personnages d'une science profonde; il est inutile d'insister sur le non-sens qui résulterait d'une traduction « lama de la mer », dans
un pays de montagnes, qui ignore absolument les grandes étendues marines.
Les auteurs chinois donnent au frère de Dalaï-lama le nom de Pan-shan-lama.
ce qui, avec l'échange n = r, est Barsham-lama « le lama intelligent », *barsham*,
en persan, signifiant l'acuité visuelle; voir les *Notes additionnelles.*

(2) فنا « anéantissement » est la traduction aussi littérale qu'on le peut
imaginer du sanskrit *nirvâṇa* « anéantissement, extinction ».

Cette théorie présente de telles similitudes avec celle du nirvana des Bouddhistes qu'il est à peu près impossible que les deux concepts, l'idée musulmane et la pensée hindoue, soient indépendants.

C'est dans les livres relativement tardifs du Soufisme persan, chez les Mystiques outranciers de la troisième période, sous la plume des auteurs qui ont vécu dans les contrées orientales de l'Iran, chez les Ésotéristes qui ont parcouru les provinces au delà du Grand Fleuve, lesquelles furent sous l'influence complète du Bouddhisme jusqu'au xvᵉ siècle, ou chez leurs disciples, que l'on trouve ces doctrines qui étonnent, même très atténuées et déformées, dans les livres de l'Islamisme, adaptées de celles du samsara (1) et du nirvana, lesquelles forment la base du Bouddhisme, et elles se présentent sous une forme d'autant plus nette que leurs auteurs ont vécu dans les contrées les plus orientales du monde islamique.

Les premiers Soufis, non seulement les plus anciens, mais ceux qui vécurent dans l'Islam sunnite, loin des atteintes de

(1) Dans le samsara, chacun doit être son propre rédempteur, la créature ne recevant aucune aide supra-naturelle pour sortir et se tirer de l'Océan sans fin des existences; il n'y a point de divinité agissante dans le Bouddhisme; l'homme est livré seul, réduit à ses moyens, à cette tâche infinie et impossible, au-dessus de ses forces; aussi, n'est-ce qu'après un temps incalculable qu'il arrive à accumuler, un par un, dans une série d'existences, au prix de vies multiples, les mérites qui purifient son âme des souillures, des imperfections de l'humanité, qui la rendent digne de rentrer dans le néant de l'Esprit suprême. La supériorité de la foi chrétienne sur le Bouddhisme est qu'elle connaît un Rédempteur, qui a pitié de la faiblesse humaine à la faveur du moindre repentir; dans l'Islam, rien de pareil; l'Islam est tout entier sous la domination sémitique du Jéhovah terrible et implacable. La Rédemption est un concept étranger à l'Inde, qui lui est hostile; l'idée de la charité, de l'amour du prochain, de la sérénité dans la paix aux hommes de bonne volonté, est peut-être venue du Djamboudvipa en Occident, prêchée par les missionnaires qu'Açoka entretenait dans les états d'Antiochus, de Ptolémée, chez les rois grecs de Bactriane, chez le yabghou des Huns; la Rédemption n'est venue, ni de la Grèce, ni de l'Inde, où elle fut complètement ignorée, où elle représente un concept antinomique avec le Paganisme et la doctrine du fils de Souddodhana; sous une forme poétique, elle proclame l'immense supériorité de la valeur morale, qui reconnaît sa faute, s'en accuse, et implore une aide contre sa faiblesse, sur l'effort indéfini de l'âme qui a erré, mais qui ignore la nature exacte de son erreur, que des événements qu'elle ne souhaite, qu'elle ne provoque pas, dont elle ne saisit pas l'enchaînement, qui sont produits en dehors d'elle, amènent au mérite et conduisent au salut.

l'esprit shiïte (1), Koshaïri, par exemple, vers 1046, Sohravardi, l'auteur de l'*Awarif al-ma'arif*, vers 1382, au

(1) Les Soufis, dans le monde de langue arabe, précédèrent les Mystiques, qui précédèrent les Ésotéristes, les Théosophes; ils s'occupèrent de ramener les mœurs à leur simplicité, à leur pureté originelle, à renoncer aux promesses fallacieuses du monde, à vivre dans les principes de la vertu, pour mériter la clémence de Dieu au jour du jugement; ils restèrent dans le monde physique; ils ne cherchèrent jamais à pénétrer les mystères du monde métaphysique qu'ils voulurent ignorer.

Les Mystiques leur succédèrent; ils passèrent dans le monde métaphysique, mais ils ne voulurent point sortir du psychisme; leur origine est l'Ismaïlisme, qui voulait renverser le Khalifat des Abbassides, pour les remplacer par les 'Alides; le Shiïsme ne put venir à bout de la souveraineté temporelle de Baghdad; l'autorité des khalifes était basée sur l'intégrité de la foi musulmane, qui était l'origine de leur puissance, et elle s'appuyait sur la Loi; ne pouvant attaquer le trône de face, les Shiïtes cherchèrent à renverser l'autel: ils entreprirent de miner l'Islamisme par une sape profonde, en lui substituant une formule religieuse basée sur la philosophie néo-platonicienne; leur tentative échoua, et les 'Alides appelèrent les Mongols, qui détruisirent le Khalifat.

Les Soufis leur empruntèrent leur philosophie et leur système de démolition de l'Islam; ils prétendirent, par la surérogation, arriver à l'union avec l'Être absolu; ils voulurent le forcer, par un acte de leur volition, à leur accorder sa grâce, à les recevoir dans le sein de son Unité; leur doctrine est un singulier mélange, sous couleur, sous prétexte d'Islamisme, de la théorie néo-platonicienne des hypostases, des dogmes du Bouddhisme; les deux concepts s'excluent, puisque l'anéantissement du Soufi dans l'Ipséité de l'Intégrale du monde présuppose l'anéantissement de la Divinité; la solution de leur thèse a dépassé ses prémisses, sans qu'ils s'en soient aperçus. Leur orgueil, comme la vanité de tous ceux qui dédaignent une contingence, parce qu'ils la jugent inférieure à leurs mérites, fut indéfini; ils professent cette doctrine incroyable, monstrueuse, que le moindre d'entre eux, cordonnier à Shiraz, scribe à Mashhad, derviche tourneur ou hurleur à Konia, peut, par un acte de sa volition, arriver à un stade supérieur à celui de Mohammad, l'Élu d'Allah, à gouverner la volonté d'Allah, à régir les mondes; ils nient la prédestination et veulent forcer la grâce.

Les Ésotéristes sont des métapsychistes; ils vivent dans la Transcendance; ils se meuvent dans un espace dont les constantes sont différentes des dimensions de l'espace phénoménal, en nombre différent; leur espace et leur temps n'ont pas la même valeur que les nôtres; leur vie terrestre n'est pas limitée, comme celle de l'homme, à la naissance et à la mort physique; durant les heures de leur existence terrestre, ils explorent le temps, celui qui s'est écoulé avant leur naissance, celui qui passera quand ils dormiront sous la terre; ils sont les contemporains du passé et ceux de l'avenir; leur vie paraît multiple de la nôtre; il semble que le temps ait changé de valeur, en même temps que l'espace, pour que leur multiplicité puisse tenir dans les années qu'ils ont passées parmi les hommes.

Les Ésotéristes ont poussé l'analyse de la Transcendance jusqu'à un point qui défie la raison; ils ont parfaitement vu, au moyen âge, que la somme de l'énergie du κόσμος est constante, ce que démontra le xixe siècle; que l'unité est multiple,

commencement de l'époque timouride, n'ont rien connu de ces doctrines qui sont en contradiction absolue et formelle

la multiplicité, une; ce qui veut dire qu'il n'y a qu'une matière, la matière primordiale, la ὕλη des Hellènes, qui est polymorphe; que l'infini est une façon de parler de variables qui croissent au delà des limites de l'entendement; qu'il ne faut attribuer à ces concepts qu'une valeur toute conventionnelle, sans s'obstiner à y voir des réalités tangibles; que l'homme ne saura jamais rien des buts physiques, métaphysiques, métapsychiques, auxquels il tend, par ses moyens, par ses efforts, puisqu'ils en attendent la connaissance de la révélation.

Ces étranges doctrinaires, qui se rattachent aux Gnostiques, aux Hermétiques, ont eu d'indubitables presciences de la science moderne; mais la science n'est-elle pas uniquement faite des presciences, des révélations, des intuitions, de quelques élus, que les hommes vont répétant, les prouvant ou les controuvant, sans les comprendre, sans y pouvoir ajouter, sans voir les relations métaphysiques qu'elles ont entre elles?

Les extravagances qu'ils racontent sur les valeurs transcendantales des nombres, sur les cercles conjugués de l'existence, sur les aspects de l'unité trine, sur la Somme intégrale, montrent que, s'ils ont édifié une théorie des nombres entièrement fantaisiste, ils ont reconnu que les entités numérales possèdent des propriétés mystérieuses et inexplicables, qui en font presque des êtres doués d'une ipséité particulière, invariable, d'un caractère déterminé pour chacun d'eux, ou plutôt pour chaque classe de multiples d'un même nombre premier, vivant d'une vie organique dans un milieu qui échappe à nos perceptions; qu'ils ont entrevu les principes du calcul différentiel et du calcul intégral, de l'Analyse, comme l'avait fait Archimède dans l'Antiquité, peut-être d'après une tradition qui remonterait jusqu'à lui, de même que les Hermétiques et les Alchimistes devinèrent l'unité de la matière et pressentirent le rôle du plomb et du mercure dans les mystères de l'Hyperchimie, voir les *Notes additionnelles*.

J'ai eu l'occasion de dire, à plusieurs reprises, dans des travaux qui remontent à une époque déjà lointaine, que beaucoup des particularités qui singularisent l'hétérodoxie islamique sont nées de la réaction de l'esprit iranien sur la lettre de l'Islam; on en a conclu que j'entendais parler d'une réaction voulue et systématique de l'Iranisme contre le Sémitisme; cette interprétation est insoutenable; il est étonnant qu'elle ait été comprise; la réaction fut involontaire, comme toutes celles qui se produisent dans le domaine religieux ou politique, quand l'on force une collectivité à adopter un ensemble de normes qui lui sont imposées, qui ont été élaborées sans que l'on ait tenu compte de ses besoins, de ses aspirations, de sa mentalité, de son idiosyncrasie, comme l'on eût dit au XVIIIe siècle; elle fut un réflexe; elle ne fut pas un acte de volition, encore moins de volonté; un mathématicien qui s'inflige la peine de travailler dans le domaine littéraire, donne involontairement à sa pensée, à sa méthode, à sa forme, une tournure, une marche, qui ne sont pas celles d'un littéraire. Par hétérodoxie, j'ai entendu le Shiïsme, quoique j'aie toujours été persuadé que le Shiïsme, au point de vue politique, est l'Orthodoxie, le Sunnisme, l'Hétérodoxie; il n'y a pas à douter un instant que le Prophète, s'il revenait dans ce monde, regarderait comme Musulmans orthodoxes ceux qui reconnaissent les droits de ses descendants par Fatima, et nullement les autres; personne, en Europe, n'eût compris le terme d'Orthodoxie appliqué au Shiïsme.

[69]

avec les dogmes musulmans, qui font, de ceux qui les exposent dans leurs livres, des infidèles, au même sens que les Bouddhistes de Gutchen et de Khanbaligh.

Ces premiers Soufis étaient uniquement des réformistes et des puritains, des jansénistes; ils s'occupaient surtout, avant toute chose, de l'amélioration de la morale de leurs disciples; ils s'inquiétaient uniquement de ramener la foi et la religion à leur simplicité primordiale et originelle, en les fondant sur la lettre non interprétée des passages du Koran, des traditions du Prophète et des Imams, sur les sentences des compagnons de Mahomet et des premiers dévots. Ils ne cherchaient en rien à résoudre le problème angoissant du sort de l'âme après la mort terrestre, pas plus que ses destinées aussi obscures durant la vie humaine; ils n'avaient en vue, comme des moralistes, et non comme des métaphysiciens, que les fins naturelles de l'homme ici-bas, au cours des quelques semaines d'années qu'il doit accomplir sur cette terre d'épreuves (1).

(1) C'est un fait remarquable, d'une importance capitale, et peu connu, que la doctrine soufie n'est pas née en Arabie, aux premiers temps de l'Islam, ni en Perse, ni même en Mésopotamie, mais qu'on la voit fleurir tout d'un coup, comme une création spontanée, en Égypte et en Syrie, dans la vicinité des couvents qui s'élevaient dans ces provinces, qui avaient été les plus brillants joyaux de la couronne byzantine, un ou deux siècles plus tôt; Djami, résumant le récit d'Abd Allah al-Ansari, nous apprend, dans la *Nafahat al-ouns* (man. supplément persan 319, folios 15-18), que le premier shaïkh qui porta le nom de Soufi fut le célèbre Abou Hashim as-Soufi; ce saint personnage était originaire de Koufa, mais il vécut à Damas; il fut le contemporain de Sofian ats-Tsauri, lequel mourut à Bassora en 777, et avait pour habitué de dire qu'il n'aurait jamais su ce qu'était un Soufi, s'il n'avait eu le bonheur de connaître Abou Hashim; certes, dit Djami, répétant les paroles d'Abd Allah al-Ansari, il exista avant Abou Hashim de grands dévots qui vécurent dans l'ascétisme et dans la crainte de Dieu, se remettant à lui de leur destinée, et lui vouant un amour parfait, mais le premier Musulman que l'on nomma Soufi fut Abou Hashim al-Koufi, et personne avant lui ne fut honoré de ce titre. Le premier monastère qui fut construit pour servir de retraite aux Soufis fut élevé en Syrie, dans des conditions particulières, que relate Djami, lesquelles ne laissent point de doute sur les rapports qui existèrent à l'origine entre les religieux chrétiens, qui continuaient à vivre dans ces provinces, comme au temps de l'empereur Justinien, et les premiers Mystiques de l'Islam; cet édifice fut élevé à Ramla, à quelques lieues de Jérusalem, dans des circonstances essentiellement remarquables: un officier chrétien أميري ترسا, étant sorti un jour pour aller prendre le divertissement de la chasse, rencontra sur son chemin deux personnes de la secte soufie, qui

La simplicité extrême du Prophète et de ses compagnons
était l'idéal suprême de ces puritains, dont les tendances

cheminaient de compagnie dans une intimité absolue, et qu'il vit mettre en
commun les provisions qu'ils portaient; cette conduite plut à l'officier chrétien;
il appela l'un d'eux, et lui demanda qui était son compagnon de route. — « Je
n'en sais rien, lui fut-il répondu. — Que possèdes-tu à toi? continua le Chrétien. —
Rien, dit le Soufi. — D'où vient ton camarade? — Je ne sais point. — Mais quelle est
cette intimité qui vous lie aussi étroitement? — C'est, dit le derviche, notre
règle. — Avez-vous au moins un logis où vous alliez ensemble? — Non », répliqua
le Soufi, et l'officier chrétien fit construire à l'intention de ces gens un couvent
à Ramla de Syrie. Le cinquième et le sixième Soufis, cités par Djami, Aboul-
Aswad Makki et Aboul-Aswad Ra'i, furent des disciples du célèbre hermétique
Zoul-Noun al-Misri, dans la doctrine duquel (p. 75) on retrouve des traces
évidentes de l'influence des théories des Chrétiens coptes; le neuvième Soufi fut
Abou Solaïman Darani, dont le véritable nom était 'Abd ar-Rahman ibn Ahmad
ibn 'Atiya al-'Ansi (ou al-'Isiy « le Chrétien », man. 822); il fut un Syrien originaire
du village de Dara درا, qui dépend de Damas; il mourut en l'année 830 (folio 18
verso); le dixième Soufi cité dans la *Nafahat al-ouns* (folio 19 recto). Ibrahim
ibn Adham ibn Solaïman ibn Mansour al-Balkhi, originaire de Balkh, appartenait à la famille royale qui avait gouverné cette province orientale de l'Iran,
c'est-à-dire à la lignée turke des Goteh, qui avaient professé le Bouddhisme;
cédant à l'atavisme de sa race, il abandonna, dès sa jeunesse, les vanités du
monde, comme Sakyamouni; il se rendit à la Mecque, où il vécut dans la société
de Sofian-i Tsauri, de Fazil 'Iyaz, d'Abou Yousouf Ghousouli; puis il alla se
retirer à Damas, où il mourut en 778; Abou Ishak Ibrahim ibn Sa'd al-'Alawi al-
Hasani, le onzième Soufi cité par Djami, fut un 'Alide de Baghdad, qui se retira
également à Damas, comme le descendant des souverains bouddhistes de la
Bactriane (folio 19 verso); le treizième, Abou Ishak Ibrahim Sitaba Harawi,
originaire du Kirman, fut le contemporain de Bayazid al-Bistami, et le disciple
d'Ibrahim ibn Adham (folio 20 verso), c'est-à-dire qu'il s'en vint recevoir la
doctrine du maître en Syrie; puis, il s'en retourna terminer ses jours à Kazwin,
après avoir formé un disciple célèbre, Ibrahim Ribati, lequel semble n'avoir
jamais quitté l'Iran, et fut enterré près de Hérat, dans le Khorasan.

C'est un fait visible que la Syrie joua un rôle prépondérant dans l'évolution
du Soufisme, que les premiers Mystiques parurent dans les pays de langue arabe,
sur un terrain qui venait d'être chrétien pendant plus de six cents ans, que
les Persans furent les disciples des Syriens qui leur apprirent la Loi, que le
Soufisme, dans l'Iran, aux premiers siècles de l'hégire, fut aussi sporadique
que le Shiïsme; le fait est important; il montre que l'Ésotérisme et le Mysticisme ne sont pas nés d'une évolution naturelle et spontanée de la pensée
musulmane; que la doctrine soufie du renoncement et le monachisme des
Mystiques est d'origine chrétienne, et non hindoue; que la somme de ces
théories étranges a commencé à poindre, comme l'affirme Djami, à une date
qui se place entre les années 730 et 740. Cette doctrine de Djami est amplement
confirmée par ce que l'on peut inférer de l'étude des traditions authentiques, ou
réputées authentiques, qui sont rapportées par les auteurs shiïtes, comme par
les théologiens sunnites, tel le *Kafi* de Abou Dja'far Mohammad ibn Ya'koub
al-Kolaïni (commencement du xᵉ siècle), et le *Sahih* de Boukhari (+ 869); on ne

au monachisme, à l'ascétisme, au renoncement, à la charité, au sacrifice, complètement étrangères à l'esprit de l'Islam, à

trouve, dans ces immenses recueils, aucune allusion, ni à l'existence de la secte soufie, ni au nom de Soufi; et ce n'est point par prétérition qu'aucune des traditions colligées dans le *Sahih* et dans le *Kafi* ne parlent pas du Soufisme, ni de rien qui se rapporte aux Mystiques, car on trouve dans ces deux livres des réponses concernant toutes les formules religieuses qui avaient cours, et qui étaient connues, aux premiers âges de l'Islam; d'où il faut nécessairement conclure que la secte des Soufis n'existait pas plus que leur nom, à l'époque de Mohammad, des khalifes orthodoxes, d'ʿAli, de Djaʿfar as-Sadik, ou, si elle existait, qu'elle se réduisait à un nombre intime de puristes, de jansénistes, sans cohésion et sans importance. C'est seulement un peu avant l'année 732, exactement et justement aux environs immédiats de l'époque à laquelle Djami, dans la *Nafahat al-ouns*, place l'existence du premier personnage qui porta le nom de Soufi, que l'on voit apparaître, dans une tradition que Kolaïni met dans la bouche du cinquième imam, Mohammad al-Bakir, des personnages qui s'évanouissent en entendant réciter la parole d'Allah; c'est là une allusion transparente aux Soufis qui se pâment en écoutant déclamer le Koran, mais Mohammad al-Bakir parle de ces exaltés en termes vagues, qui montrent jusqu'à l'évidence qu'ils n'avaient pas alors pris ce nom de Soufis.

Ces premiers Soufis eurent des accointances avec les Manichéens; ce n'est point sans raison que les juristes, les *fakih*, traitèrent Zoul-Noun Misri et Mohyi ad-Din ibn al-ʿArabi de *zandiks*, d'hérétiques mazdéisés; les Manichéens, dit Djahiz, dans son *Kitab al-hayawan*, étaient tenus à cinq pratiques capitales : 1° la chasteté, pour ne pas emprisonner une âme dans la matérialité d'un corps terrestre; ce précepte est absolument conforme aux enseignements du Bouddhisme; il est contraire au Christianisme. bien plus encore au Zoroastrisme, où l'homme est tenu de prendre femme, de fonder une famille, pour multiplier le nombre des créatures destinées à lutter contre l'Esprit des ténèbres, où la polygamie était légale, où un Mazdéen pouvait avoir sept femmes, comme on le voit par les termes d'une tradition citée dans le *Kafi*, vers 910; cette tradition authentique rapporte la sentence d'un juge qui ordonna à un Guèbre, au moment où il embrassa l'Islamisme, de répudier, par voie de tirage au sort, trois de ses épouses sur sept; le principe de la chasteté est tout aussi contraire au sentiment de l'Islamisme, dans lequel la vie continente ‏زهد‎ est considérée comme une honte anti-naturelle; 2° le silence; 3° se garder de critiquer autrui, c'est-à-dire l'indifférence majeure et radicale en tout point, sur toute chose, sur toute espèce, le détachement absolu des contingences, le mépris intégral du monde; 4° la défense de manger de la chair, pour ne pas mettre à mort les êtres vivants; 5° voyager à travers le monde. Ces quatre dernières prescriptions offrent des analogies frappantes avec les enseignements du Bouddhisme, et c'est un fait sur lequel je crois inutile d'attirer plus longtemps l'attention du lecteur; il me suffira de dire que, dans le principe, les moines bouddhistes *sângha* étaient tenus de voyager, non pour recevoir la Loi, mais, au contraire, pour donner aux fidèles l'occasion de leur faire du bien, et d'acquérir ainsi des mérites qui leur permettent de se délivrer des entraves écrasantes du samsara; le moine est en effet punyakhsétra, un « terroir qui produit le mérite »; ce précepte valut surtout à l'origine du Bouddhisme; il s'imposa, alors que les moines étaient peu

l'âpreté, à l'impitoyabilité du Sémitisme, ont été provoquées par l'influence de l'hermétique Zoul-Noun al-Misri, de son véritable nom, Younan ibn Ibrahim, qui avait vu en Égypte les couvents des Chrétiens, dont le père d'ailleurs était un Grec chrétien (1), un Nubien chrétien, d'après d'autres autorités, qui lui ont toutes renié la qualité de Musulman (2).

Les étymologies du nom des Soufis صوفي, que donnent les Musulmans, comme toutes celles qu'ils se permettent, sont plus inadmissibles, plus invraisemblables, plus impossibles, les unes que les autres (3); après un long examen du problème, je reste persuadé que Sofi est une transcription du grec σοφός « sage », que ce nom a été créé en opposition directe et absolue avec la matérialité des termes *fakih* فقيه, *'alim* عالم, ces deux titres désignant les juristes et les théologiens, lesquels n'ont point à faire œuvre philosophique ou intellectuelle, mais simplement à appliquer d'une façon automatique la réalité de la Loi, d'après le Livre et la Tradition, d'après la parole de Dieu et les sentences du Prophète.

nombreux, alors qu'il n'y en avait pas assez pour satisfaire aux besoins de sainteté de tous les fidèles; la situation changea quand leur nombre se fut multiplié, lorsque l'on trouva assez de moines pour contenter tout le monde, alors qu'il devint inutile qu'ils continuassent à se promener de la sorte. Les moines voyageaient de vihara en vihara, ils allaient de monastère en monastère, sauf à la saison des pluies *varsha*, où ils demeuraient dans un vihara, occupés à étudier les livres de la Loi; dans les viharas, occupés à la méditation et à la lecture des soutras, vivaient les moines sédentaires, les vieux et les paresseux, qui avaient une tendance naturelle à se considérer comme les propriétaires du vihara, ce qui était absolument contraire à l'esprit de la Loi, le monastère ayant été fondé par le roi à l'intention de tout le monde, et non d'une poignée de bonzes, qui pouvaient tout juste s'en considérer comme les usufruitiers, jusqu'au jour où il serait urgent qu'ils transportassent leur fainéantise en d'autres lieux. Il est inutile de souligner les rapports étroits qui existent entre les théories des Manichéens et les prescriptions de la Règle exotérique du Soufisme, telles que je les ai exposées dans le *Muséon*, d'après la doctrine des meilleurs auteurs arabes et persans; sur les caractéristiques des Soufis anciens qui voulurent faire œuvre personnelle, voir les *Notes additionnelles.*

(1) 'Aufi, *Djawami' al-hikayat*, man. persan 95, folio 19 recto.

(2) *Les Peintures des Manuscrits orientaux de la Bibliothèque nationale*, p. 64; j'ai fait remarquer, dans ce passage, que l'esprit et la lettre de cette partie ancienne du Soufisme, de cet aspect primitif de la réaction puriste et formaliste de l'Islam, sont très visiblement des emprunts aux livres des théologiens du Christianisme.

(3) Voir la notice de la *Nafahat al-ouns* (*Notices et Extraits*, xii, 290).

Et le fait se trouve confirmé par cette circonstance qu'il est certain que les Mystiques de l'Islam ont emprunté leur nom de Soufis aux moines chrétiens de Syrie et de Mésopotamie, chez lesquels ce nom ne peut dériver uniquement que du grec σοφός. Djahiz, qui mourut en 869, cité par Yakout al-Hamawi, dans son article sur le Couvent des Vierges دير العذارى, un Diéwitchi monastir du VIIIe ou du IXe siècle, près de Sourra man ra'a, raconte, dans son *Kitab al-mo'allomin*, une histoire singulière et peu édifiante. Quelques jeunes Arabes, de la tribu de Milas, des Tsa'liba, conçurent le projet de détrousser une caravane qui passait non loin d'eux, près du Couvent des Vierges, que Djahiz nomme des moinesses رواهب; le gouvernement abbasside eut vent de leurs intentions, et il envoya de la cavalerie pour les empêcher de mettre leurs desseins à exécution. Les bandits, ayant appris ce fait, allèrent se cacher dans le couvent, et à peine y furent-ils arrivés qu'ils entendirent le galop des chevaux; les soldats les cherchèrent en vain; ils ne parvinrent pas à découvrir l'endroit de leur retraite; aussi abandonnèrent-ils leur poursuite. Les fripons respirèrent à l'aise, et se dirent : « Qui nous empêche d'empoigner le supérieur, de le ligoter, et chacun de nous, de prendre une de ces vierges; demain, quand l'aube se lèvera, nous quitterons le pays; nous sommes justement en nombre égal à celui de ces vierges. » Ils firent ainsi, forcèrent les religieuses, trouvèrent qu'il y avait longtemps qu'elles avaient perdu leur honneur, et que le supérieur s'était chargé de leur ravir leur vertu. L'un d'eux exprima son dépit en ces vers :

- Le Couvent des Vierges! La honte soit sur elles! Il s'en passe de belles chez les moines! -
- Nous avons couché avec vingt Soufies; eh bien! forniquer avec des moinesses vous réserve des surprises étranges -.

ودير العذارى فضوِّ لين * وعند القسوس حديث تجيب *

خلونا بعشرين صوفيـــة * ونيك الرواهب امر غريـــب *

L'Ismaïlisme shiïte contamina cette simplicité et cette harmonie par la théorie fallacieuse de l'interprétation ésotérique des passages du Koran et des traditions, sur lesquels les

premiers Soufis, Abou Talib al-Makki, Koshaïri, avaient établi
la vérité du Mysticisme.

L'influence de la philosophie néo-platonicienne était considérable dans ces sectes outrancières, qui avaient entrepris une
guerre sans merci contre l'Islam des ʿAbbassides, dont le but
avoué était de rendre aux ʿAlides le Khalifat qu'avaient usurpé
les souverains temporels qui régnaient à Baghdad; cette
influence s'exerçait essentiellement par l'intermédiaire des
Gnostiques (1), et on la trouve à chaque ligne de la philosophie
et de la métaphysique du Soufisme. Les Ismaïliens, après eux
les Soufis de la seconde époque, s'étaient empressés d'adopter
la doctrine des hypostases, si éloquemment, si artistique-
ment exposée par Plotin et par Porphyre; ils professaient que
l'homme est Dieu, par son essence, en tant qu'il est l'émanation
du Un primordial, et son hypostase (2).

Les Soufis exaltés de la première époque n'en cherchaient pas
si long; ils se proclamaient tout simplement les équipollences
de la Divinité par sa grâce efficiente; ils ne s'inquiétaient point
de savoir par quel mystère transcendantal ils se trouvaient les
égaux du premier Moteur : « Dans mon manteau, il n'y a que
l'Être Unique » ليس فى جبّتى الا الله, avait coutume de dire
Bayazid al-Bistami, qui avait osé prendre le surnom de Soub-
hani سبحانى « Celui à qui la créature doit dire : Louanges
te soient adressées, Seigneur! », qui ne craignit point de
répondre, un visiteur étant venu frapper à la porte de sa
cellule et demandant : « Abou Yazid est-il dans sa demeure?
— Est-ce qu'il y a dans ma maison une autre personne
qu'Allah (3)! »

(1) Je conserve à ces énergumènes le titre de Gnostiques; ils ne sont nullement
des Sabéens, comme on l'a prétendu à tort, et la meilleure preuve en est que
l'autorité des Juifs, des Chrétiens, des *Sabéens*, des Musulmans, est simultanément invoquée dans l'un de leurs traités (Arabe 6288, qui a été acquis par la
Bibliothèque nationale bien après la date à laquelle j'ai imprimé dans la *Rivista
degli studii orientali* un exposé de leur doctrine syncrétique; il est clair que si
ces livres étaient ceux des Sabéens, l'autorité des Sabéens n'y serait pas invoquée
pour établir la véracité de leurs auteurs.

(2) Cette théorie reçut dans l'Islamisme le nom de doctrine du حلول.

(3) بو يزيد روزى اندر صومعه بود يكى بيامد وكفت ابو يزيد فى البيت
فقال ابو يزيد هل فى البيت الا الله بو يزيد اندر خانه نيست وى

Mansour al-Halladj, un demi-siècle plus tard, qui était shiïte, ou plus exactement qui planait au-dessus des misérables dissensions des sectes, ne lui cédait en rien au point de vue de l'orgueil mystique le plus outrancier et le plus intransigeant : à l'imitation intégrale de ce Persan, il déclarait à qui voulait l'entendre : « Je suis l'Être Unique » انا الحق.

Et Mansour al-Halladj fut loin d'être une exception, le créateur d'un genre ; il répéta un type connu, qui, à cette époque du commencement du ıv^e siècle de l'hégire, reflétait les aberrations de la pensée iranienne : Mohammad ibn 'Ali ash-Shalmaghani (1), qui fut un shiïte notoire, sous le règne d'ash-Moktadir, à Baghdad, comme Mansour al-Halladj, proclama qu'il était la Divinité, et enseigna la doctrine de l'hypostase jusqu'au moment où Ibn Mokla (322 H. = 941 J.-C.) le fit mettre à mort.

Et Bayazid al-Bistami, à la fin du ıx^e siècle, répétait les termes d'une erreur de l'Islamisme iranien, qui avait été proclamée, environ un siècle avant lui, par un hérésiarque célèbre, le Mokanna', de son nom, al-Hakim ibn 'Ata. Le Mokanna' parut à Marw, dans le Khorasan, en 774 ; il prétendit qu'il était le fils de Dieu, venu sur la terre sous les espèces apparentes de l'humanité ; il affirma, au milieu de tours de passe-passe et d'escamotage, que ce n'était point la première fois qu'il se révélait sous la forme humaine, qu'au commencement du monde, dans le principe des temps, il avait été Adam, puis Noé.

L'audace de cet imposteur mit en péril la puissance du khalife dans ces contrées lointaines de l'Iran, qui ne se soumettaient qu'à regret à l'autorité du pontife de Baghdad ; il fallut aux troupes d'al-Mahdi huit années de lutte pour venir à bout de cette insurrection, et pour s'emparer de la citadelle où le Mokanna' s'était retranché ; plutôt que de tomber

---

'Ali ibn کنت اندرین خانه خرد بجز حق هیچ چیزی دیگر هست
'Othman al-Djoullabi. *Kashf al-mahdjoub*, man. suppl. persan 1086, folio 119 verso. Abou Yazid Taïfour ibn Isa ibn 'Ali al-Bistami naquit en 261 de l'hégire 874 ; son grand-père était zoroastrien, et il embrassa les croyances de l'Islamisme.
(1) Ibn al-Athir. *Chronique*. man. arabe 1496, folio 339 verso.

vivant aux mains de l'ennemi, al-Hakim ibn 'Ata se brûla vif sur un bûcher ardent, pour faire croire à ses fidèles, comme aux officiers du khalife, qu'il s'était évanoui dans les airs, et qu'il était remonté au Ciel, d'où il reviendrait au cours des siècles.

L'origine chrétienne de cette hérésie ne fait guère de doute : se dire le fils de Dieu est un non-sens absolu dans le Magisme, dans le Bouddhisme, dans l'Islamisme : Allah, proclame le Koran, est « Celui qui n'a pas été engendré, qui n'a pas engendré »; prétendre aux attributs divins est l'absurdité même dans la croyance zeroastrienne; se croire Dieu est un concept impossible et inadmissible dans la religion de Sakya-mouni, qui ne connaît point de divinité, tout au moins au sens concret et matériel des religions et des croyances de notre Occident; elle ne peut réellement naître dans la théorie mohammédienne, Allah, par sa définition même, étant l'Unité primordiale, qui contient tous les nombres, mais qui ne peut être égalée par aucune de ses émanations.

Cette doctrine étrange, les prétentions du Mokanna', les pro-clamations de Bayazid al-Bistami, d'al-Halladj, d'ash-Shalma-ghani, ne peuvent s'expliquer que par l'influence du Christia-nisme, parce que le Fils de Dieu, révélé sur la terre sous la forme humaine, est Dieu dans la Trinité, avec Dieu le Père, et l'Esprit de Sainteté; elles sont incompréhensibles dans toutes les formes religieuses qui étaient connues dans les vastes domaines du Khalifat abbasside; elles ne s'expliquent qu'au sein du Christianisme.

Mais il n'entrait nullement dans l'esprit de ces personnages de prétendre qu'ils étaient arrivés à l'union avec la Divinité, après un long voyage à travers les stades, qui représente une ascension douloureuse de la créature vers le Créateur, ni qu'ils étaient venus se fondre dans l'Unité mathématique et plurale de l'Âme du κόσμος; ils étaient les égaux d'Allah, parce que leur ipséité avait été créée divine, par un fait de la volition de l'Être suprême, non par celui de leur volonté, par une grâce efficiente et une prédestination fatale, non comme la récom-pense d'efforts incessants dans la Voie ésotérique. Ils se sont crus Dieu, parce qu'ils se sont imaginé que les ascètes chrétiens, en Syrie et en Égypte, cherchaient par leurs austérités, par le renoncement et la surérogation, qui sont devenus les bases du Soufisme, à s'unifier avec le Christ, de même qu'ils ont cru que les Chrétiens adorent des idoles, parce qu'ils mettent des statues aux murs de leurs églises; comme tous ceux qui copient sans comprendre exactement le sens de ce qu'ils cherchent à reproduire, ils ont déformé l'essence de la pensée qui inspira leur modèle : ils ont pris dans sa signification rigoureusement matérielle, dans son aspect strictement littéral, le symbolisme allégorique des mots « rentrer dans le sein de Dieu »; comme saint Hilaire (fin du IVe siècle) (1), qui admet que l'homme, matériellement, par l'usage des sacrements, arrive à l'unité avec Dieu, ils ont exagéré le sens et la portée de ce qu'a dit saint Jean : « Vos autem me videbitis, quoniam ego vivo, et vos vivetis; quoniam ego in Patre meo, et vos in me, et ego in vobis (2). »

Bayazid al-Bistami, Halladj, Shalgamani, furent des déments, des candidats à la paralysie générale; leurs doctrines et leurs folies ne firent pas progresser le Soufisme; ces tendances auraient porté un coup fatal à l'Ésotérisme si elles avaient été encouragées et suivies; les Mystiques se rendirent très vite un compte exact que la théorie de la divinité innée et congénitale est une absurdité, qui ne conduit à rien, ou plutôt qui mène devant le mur qui clôt une impasse, car la faiblesse, l'imperfection, la fragilité humaines, sont réellement et absolument incompatibles avec l'essence et les attributs éternels de la Toute-Puissance.

Les Ésotéristes cherchèrent un moyen moins simpliste d'arriver à la divinité, et les Persans le trouvèrent dans les dogmes du Bouddhisme : Farid ad-Din 'Attar fut le grand maître de ce nouvel aspect du Soufisme, comme Zoul-Noun Misri avait été le protagoniste de l'aspect du Soufisme calqué sur le monachisme chrétien. Zoul-Noun Misri et 'Attar sont les deux pôles de cette évolution, qui alla des couvents du désert égyptien aux viharas bouddhiques (3).

(1) Le Père, *de Trinitate*, livre VIII, § 15.
(2) XIV, 19.
(3) Les premiers Soufis, aux premiers siècles de la Conquête, en Syrie et en

Les Soufis de la troisième école, de date plus récente, en particulier ceux qui vécurent à partir du milieu du XIIIe siècle, professent une nouvelle théorie de la divinité de l'homme, établie sur des bases et des prémisses tout autres et essentiellement différentes. Elle ne ressemble en rien aux thèses exposées dans les œuvres des Soufis antérieurs, ni aux doctrines qu'ils professaient; leurs idées ont été profondément modifiées par des influences qui ne s'exerçaient pas encore au cours des périodes durant lesquelles les règles du monachisme des Coptes, la philosophie néo-platonicienne, la Gnose, furent les seules sources étrangères de l'Ésotérisme musulman.

Dans son *Maksad-i aksa* (1), qu'il composa vers le milieu du XIIIe siècle, 'Aziz ibn Mohammad an-Nasafi (✝ 1263), originaire de la ville de Nasaf, en Transoxiane (2), dans le *Madjma'*

Égypte, étaient des Chrétiens qui s'étaient convertis par force à l'Islam continuèrent à penser exactement comme avaient fait leurs ancêtres sous le joug byzantin; ils vécurent dans le renoncement et l'humilité islamiques, comme ils auraient vécu quatre siècles plus tôt dans le spiritualisme chrétien; en acceptant le monachisme et l'ascétisme de Zoul-Noun Misri, ils ne firent que reprendre leur bien et rentrer dans leur tradition, puisque Zoul-Noun les tenait des Chrétiens; les Mystiques du XIIe siècle, dans l'Est de l'Iran, étaient des descendants de Bouddhistes qui avaient accepté l'Islam, parce qu'il s'était présenté avec un sabre; eux aussi, dans l'Islam, continuaient à penser comme leurs pères, au IIIe, au IVe siècle, et aux mêmes choses; ils acceptèrent les nouveautés que leur apportait Farid ad-Din 'Attar comme des formes connues, qui réveillaient en eux des pensées lointaines et des souvenirs anciens: au point de vue du Sôufisme, exactement comme dans le domaine des mathématiques, le fond de la théorie et de la doctrine de l'Islam est un emprunt à peine déguisé aux thèses soutenues par l'Hellénisme, que vint légèrement modifier, sans rien lui enlever de son caractère, un apport hindou postérieur.

(1) Man. supplément persan 121, folios 278 et suiv.

(2) Nasaf, dit Yakout, dans le *Mo'djam al-bouldan*, IV, 767, est une grande cité de la Transoxiane; elle est située entre le Djaïhoun, l'Amou-daria, et Samarkand; elle n'est autre que la ville de Nakhshab, laquelle se trouve à une égale distance de Boukhara et de Balkh, à main gauche de la personne qui suit le chemin de Samarkand à Boukhara, à trois journées de route de Samarkand. Nakhshab est le sanskrit *na-kshap-ā* « pure, sainte », auquel on comparera *kshap-ana-ka* « prêtre bouddhiste ou djaïna », avec une dérivation sémantique obscure, comme Boukhârâ est le sanskrit *vihâra* « monastère bouddhique ». Nasaf et Nakhshab sont les deux aspects d'un même mot. Nakhshab est une forme iranisée, avec l'aspiration de la gutturale devant une consonne, du sanskrit *na-kshap-a*; *nakhshab* est une forme iranienne, tandis que la forme prakrite aurait été successivement, sur le terroir hindou, *nakshab*

[79]

al-bahraïn, qu'il termina le lundi 15 Mai de l'année 1318, Shams ad-Din Mohammad (1), qui était fonctionnaire à Abar-kouh, sous le règne des princes mongols, enseigne que, du commencement de sa vie physique à son arrivée à la Divinité, l'homme doit franchir quatre stades (2), dans chacun desquels il entre par une naissance, dont il sort par une mort, au moins, dans l'idée musulmane, pour les trois premiers, par une mort ésotérique. A chacune de ses naissances, le Mystique s'aperçoit de l'inanité des perceptions de ses vies antérieures, de l'irréalité de ces existences, qu'il a vécues avant de renaître dans le stade plus élevé où il est parvenu. L'existence qui suit une

puis *nakhkhab, *nakhab*; la forme iranienne *nakhshab* est devenue *nashshab*, par l'assimilation du *kh* à l'*sh*, dans une voie exactement contraire à celle du prakrit, puis *nashshaf, *nassaf*, Nasaf. Un village, dépendant de Nasaf, se nomme Boutkhadān « [la ville] qui possède une maison de Bouddha » (*les Peintures des Manuscrits orientaux de la Bibliothèque nationale*, 1914-1920, p. 251).

(1) Man. persan 122, pp. 165 et suiv.; l'auteur dit qu'il a visité le mashhad de [l'imam] Zaïn al-'Abidin, [sur lui soit le salut!], frère de Malik Ashtar; Malik Ashtar fut l'un des compagnons les plus célèbres de l'imam 'Ali, fils d'Abou Talib; il est trop longuement parlé de ses exploits dans l'insipide poème intitulé *Hamla-i Haïdari*: c'est à tort que j'ai dit, dans le *Catalogue des manuscrits persans*, I, 70, que Shams ad-Din Mohammad a visité le tombeau de l'imam Zaïn al-'Abidin; car j'entendais parler dans ce passage de Zaïn al-'Abidin, fils d'al-Hosaïn, fils d'"Ali, lequel est inhumé à Médine, avec Dja'far as-Sadik et les autres imams; il s'agit ici d'un saint 'alide, très local, d'un village du Sud de la Perse: les mots entre crochets sont des additions interlinéaires, que fit Shams ad-Din, lorsqu'il révisa son texte; cet auteur, qui a cependant de la tenue, et une certaine valeur littéraire, au commencement du xive siècle, est aussi fou que Mohyi ad-Din Mohammad ibn al-'Arabi, dans la première moitié du xiiie, et il a l'impudence de prétendre que cet imam de province lui a parlé du fond de son cercueil.

(2) Les philosophes disent que la Voie qui mène à la connaissance de la Divinité est longue: les Soufis, les Mystiques, disent qu'elle est large; le concept des Ésotéristes est supérieur, et de beaucoup, à celui des philosophes et des théologiens: il est aisé de parvenir au terme d'une route, si longue soit-elle, quand elle est étroitement définie, avec de la patience et de l'esprit de suite, lorsque les haies qui la bordent maintiennent toujours le voyageur dans la « diretta via »: la situation change étrangement si ces haies s'écartent assez pour devenir invisibles, comme le conçoivent les Ésotéristes: si, à l'extrême longueur du chemin, vient se joindre son extrême largeur, au point que le pèlerin perde le sens de la direction dans laquelle il doit marcher, et au bout de laquelle se trouve le but qu'il doit atteindre; s'il s'avance sans guide, entièrement isolé, au centre d'un cercle infini, vers les haies qui limitent la Voie, à une distance supérieure à son horizon, au lieu de tendre vers le point qui lui est assigné.

existence antérieure est un état de veille, ou plutôt, un réveil,
par rapport à celle qui l'a immédiatement précédée (1).

(1) C'est dans le *Madjma' al-bahraïn*, pages 326 et suivantes, que cette singulière théorie est exposée avec le plus d'esprit de suite : il existe, dit Shams
ad-Din, quatre aspects successifs de la vie : 1° la vie physique حيوة طبيعى,
qui débute par la naissance matérielle ولادت طبيعى; 2° la vie métaphysique حيوة معنوى, laquelle s'ouvre par la naissance métaphysique ولادت
معنوى; 3° la vie béatifique حيوة طيبة, celle dont il est dit dans le Koran :
« celui qui agira pieusement, qu'il soit homme, ou qu'il soit femme, s'il possède la foi, Nous le ferons revivre de la vie béatifique » من عمل صالحا من
ذكر واُنثى وهو مؤمن فلنحيينه حيوة طيبة; 4° la vie transcendantale حيوة
حقيقى. A ces quatre aspects de la vie, correspondent quatre aspects de la
mort : 1° la mort physique; 2° la mort métaphysique; 3° la mort qui met fin à
la vie béatifique; 4° la mort qui termine la vie transcendantale. Ces quatre
aspects de la mort sont suivis de quatre aspects de la résurrection : 1° la petite
résurrection قيامت صغرى, qui ouvre la vie métaphysique; 2° la résurrection
moyenne قيامت وسطى, par laquelle commence la vie béatifique; 3° la grande
résurrection قيامت كبرى, par laquelle débute la vie transcendantale; 4° la très
grande résurrection قيامت عظمى, qui suit le quatrième aspect de la mort, et
qui est la porte par laquelle le Mystique arrive à la révélation des vérités
éternelles. Dans la vie physique, l'homme, entièrement soumis aux exigences
de l'animalité, ne peut percevoir que les concepts qui lui naissent des sens, et
les vérités partielles, et ainsi de suite, dans chaque vie, avec une connaissance
de plus en plus épurée, à mesure que le Mystique avance dans les stades, mais
toujours incomplète et imparfaite, par suite des faiblesses inhérentes à la nature
humaine, dont la créature ne peut jamais se libérer entièrement.
Mais ce n'est là qu'un des aspects du dogme théologique et métaphysique de
l'infinité des existences, car Shams ad-Din Ibrahim, continuant l'exposé dogmatique de ses théories, divise la vie du Soufi en un nombre indéfini d'existences successives, chacune d'elles suivie d'une mort et d'une réincarnation.
« Depuis le moment où il naît à la vie physique, dit-il, jusqu'au moment où il
arrive à la vie transcendantale, il passe par une série de stades; dans chacun de
ces stades, il subit une réincarnation dans une modalité telle qu'il perçoit les
entités sous une forme qui est entachée d'une certaine infériorité (par rapport
à la perception du stade suivant). Quand il sort par la mort de ce stade,
quand il se réincarne dans un stade plus élevé, il sait, de science certaine, que,
de toutes les perceptions qu'il éprouva dans sa vie antérieure, il n'a rien
compris, rien saisi, que l'apparence exotérique des phénomènes, et leur signification véritable lui devient tangible dans sa vie qui la suit immédiatement.
Il comprend alors qu'au cours de sa vie antérieure, il était dans un songe,
car le mot songe ne signifie-t-il pas percevoir des formes créées par l'imagination, et ne prêter aucune attention aux réalités qui leur correspondent; dans la
vie suivante, le Mystique s'éveille, car le réveil après le sommeil signifie un état
tel que les concepts imaginaires s'y révèlent avec leur signification absolue :
وانسانرا از مبداء حيوة طبيعى تا وصول بحيوة حقيقى طورهاست واورا

C'est seulement tout à la fin du quatrième de ces stades que
le Soufi arrive au concept de la véritable essence de la Divinité,
à comprendre l'inexistence et l'irréalité de tout ce qui n'est
pas Elle, à voir que, jusqu'à ce moment précis, il a été plongé
dans un sommeil profond, qui ne lui permettait point d'atteindre à la perception des mystères de l'Unité transcendantale.

Ce quatrième stade, dans la doctrine du *Maksad-i aksa* et
du *Madjma' al-bahraïn*, est celui de la « marche vers Allah »
السير الى الله (1); cette route est finie, puisque le Mystique ne
peut, dans ce stade, aller que jusqu'à la Divinité, et pas plus
loin; ce stade, dans ses dernières heures, est celui où le Soufi
arrive à la « connaissance parfaite », à la معرفة, laquelle n'est
autre que la bodhi du Bouddhisme, le commencement de la
« marche en Allah » السير فى الله, qui, elle, est indéfinie et
illimitée, comme Allah lui-même, dont l'attribut essentiel est
de n'être point soumis aux concepts de temps et d'espace, de
ne pas avoir eu de commencement, et de ne pas connaître le
terme final de toute entité créée (2).

در هر طورى بعث بنوعى باشد که بوجهى ادراك اشيا کند که مستلزم
نقصانى باشد وچون از آن مرده شود وبطورى بالاتر از ان زنده کردد
بداند که از ان مدرکات که در حيوة اولى داشت جز صورت ظاهر
در نيافته بود ومعنى حقيقت آن درين حيوة دوم ظاهر مى شود پس
او در حيوة اولى در خواب بود چه معنى خواب ادراك صورت مخيل
وغافل بودن از معانى ان تواند بود ودر حيوة ثانيه بيذار شد چه معنى
بيدارى بعد از خواب حالتيست که در ان صورتهاء مخيل مكشوف
الحقايق مى شوند.

اکنون بدانك معنى سلوك سير است وسير بر دو قسم است (1)
سير الى الله وسير فى الله وسير فى الله نهايت ندارد واهل تصوف
مكويند که سير الى الله عبارتست از انك سالك چندان سير کند
که خداى را بشناسد وچون خدارا بشناخت سير الى الله تمام شد
اکنون ابتدا از سير فى الله شد وسير فى الله عبارت از انست که سالك
چندانى برود که تمام صفات واسامى وافعال خدارا بشناسد ودر يابد.

(2) La « marche vers Allah », dit 'Aziz ibn Mohammad an-Nasafi, est finie; la

Un auteur encore plus tardif, qui ne fait guère que répéter
les théories de Djami, et que quintessencier sa précieuse doc-

« marche en Allah » est infinie; les Soufis, ajoute-t-il (folio 278), disent que la
marche vers Allah signifie que le Mystique progresse dans la Voie tellement qu'il
parvient à connaître Dieu; quand il a connu Dieu, la marche vers Allah est
terminée, et c'est alors que commence la marche en Allah; la marche en
Allah signifie que le Mystique progresse tellement dans la Voie qu'il arrive
à la connaissance de tous les attributs, de tous les noms, de tous les actes
de Dieu, et qu'il les comprend. Or la science et la sagesse de Dieu sont indé-
finies, aussi la Voie, la marche en Dieu, n'a-t-elle point de fin, de sorte que le
Mystique s'y trouve occupé tant que dure sa vie, et qu'il meurt dans cette
œuvre :

واكنون بدانك معني سلوك سير است وسير بر دو قسم است
سير الى اللّه وسير فى اللّه سير الى اللّه نهايت دارد سير فى اللّه نهايت
ندارد واهل تصوف ميگويند كه سير الى اللّه عبارتست از آنك سالك
چندان سير كند كه خداى را بشناسد وچون خدارا بشناخت سير
الى اللّه تمام شد اكنون ابتدا از سير فى اللّه شد وسير فى اللّه عبارت از
آنست كه سالك چندانى برود كه تمام صفات واسامى وافعال خدارا
بشناسد ودر يابد وعلم وحكمت خداى عزّ وجلّ بسيار است سلك
نهايت ندارد وتا زنده باشد درين كار باشد وبر همين بميرد.

Voici, dit
Shams ad-Din Ibrahim, p. 469, les discours que tiennent les Soufis au sujet de
la marche vers Lui سير او et de la marche en Lui سير بلو; les Musulmans
professent cette doctrine que, si le Mystique parcourt dans la Voie ésotérique
un chemin suffisant pour savoir de science certaine que l'existence ne peut
dépasser l'Unité..., et qu'il est impossible qu'il existe d'autre entité que le
Dieu très-haut, que, s'il acquiert une assurance absolue dans cette science, s'il
parvient au stade du quiétisme, la marche vers Dieu est terminée pour lui.
Ils ajoutent que le Mystique, après avoir acquis cette science, après être
parvenu à cette assurance morale, après avoir atteint à ce quiétisme, s'il
progresse suffisamment dans la Voie ésotérique pour connaître les réalités
nouménales dans leur intégrité, il se trouve engagé dans la « marche en
Allah », laquelle n'est point finie, et ne peut l'être, parce que les manifestations
par lesquelles se révèle l'Être Unique sont en nombre indéfini : اين بود

سخن متصوفه در سير باو وسير در او وموحدان بر انند كه اكر سالك
چندان سير كند كه بداند كد وجود يكى بيش نتواند بود ...... وبغير وجود
خداى تعالى وجودى ديكر نتواند بود ودرين دانش اطمينان حاصل كند
وبمقام تمكين رسد سير الى اللّه منتهى شود واكر بعد ازين دانش واطمينان
وتمكين چندان سير كند كه جواهر وحقايق اشيارا كما هى بداند سير
فى اللّه باشد اما منتهى نشود زيرا كه تجليات الهى نا متناهيست.

Les Ésotéristes considèrent que cette « marche en la Divinité » signifie que le

trine, Hoseïn ibn 'Ali ibn al-Va'iz al-Kashifi (vers 1450), qui, sous le titre de *Lobb al-lobab al-Masnavi*, a écrit un excellent commentaire sur des extraits du *Masnavi*, a compliqué cette théorie, assez claire dans l'exposé qu'en font 'Aziz an-Nasafi et Shams ad-Din (1). La voie mystique qui conduit le Soufi à la Divinité se divise en quatre aspects; le premier est la « marche vers Allah » السير الى الله, dont il vient d'être parlé; elle conduit le Soufi des manifestations exotériques de l'âme à la renonciation à la vie matérielle, jusqu'à un stade en lequel lui apparaissent les manifestations tangibles des existences contingentes (2).

Le second est la « marche dans la Divinité » السير في الله; la « marche dans la Divinité » possède une origine réelle, le stade auquel la « marche vers la Divinité » السير الى الله amène le Mystique; mais son point terminal est imaginaire باطن وجود ce qui signifie qu'à un moment déterminé, le Soufi passe du monde des quantités réelles dans le monde des quantités imaginaires, du monde tangible dans le monde intangible, qu'il entre dans la Transcendance et dans le κόσμος métaphysique; au cours de cette « marche dans la Divinité », le Soufi devient qualifié par les attributs qui sont l'apanage de l'Être unique, il arrive à la compréhension du sens des noms divins, laquelle lui est refusée tant qu'il en est encore à la « marche vers la Divinité », et se trouve encore bien plus interdite à l'homme qui n'est point engagé dans les voies mystérieuses de l'Ésotérisme; le Mystique, dans sa « marche en la Divinité », arrive ainsi au terme, à l'extrémité la plus lointaine, de la Présence de l'Unité حضرت واحديّة.

Mystique qui s'avance à travers les stades de la Voie découvre les uns après les autres tous les attributs de la Divinité, qui sont en nombre infini, qu'il en connaît l'essence et les significations ésotériques, qu'il a conscience d'être lui-même qualifié de ces attributs, au fur et à mesure des progrès de son ascension vers l'Unité multiple, en son ipséité; le concept de la « Voie », qui amène à la Divinité, des deux « Voies », la « Voie exotérique *soulouk* », la « Voie ésotérique *tarika* », est manifestement un emprunt au Bouddhisme.

(1) Man. supplément persan 1141, folio 65 verso et suiv.

(2) بمقامی که ظاهر شود در ان مقام مسافر متوجّه را ظاهر وجودات کونیه.

Le troisième aspect de ce voyage conduit le Soufi du phénomène au noumène, des voiles de l'Apparence ظاهر et de l'Imaginaire باطن, à l'isolement, à la solitarité dans la Présence de la Somme intégrale حضرت جمع الجمع (1), d'où il s'élève à la Source de l'Intégralité عين جمع, et à la Présence

(1) Présence, dans le style des Ésotéristes, signifie un aspect de l'Ipséité divine, qualifié et spécifié par un attribut déterminé; la Présence de la Toute-Puissance. حضرة الربوبيّة, est l'aspect dans lequel Allah se révèle sous l'attribut de la puissance divine, en sa qualité essentielle de Maître رب des mondes, sous cet attribut seul et unique, sans aucun mélange d'aucun autre de ceux qui lui appartiennent, c'est-à-dire qu'il y a autant de Présences de la Divinité qu'elle compte d'aspects de ses attributs. L'Unité واحديّة, avec ses aspects, est un attribut inférieur à la Somme intégrale; l'Unité est un attribut qui demeure dans le domaine numérique et physique, la Somme intégrale appartient à l'Analyse et à la Transcendance; l'Unité est immédiatement accessible à la raison humaine; la Somme intégrale est un concept métaphysique. L'esprit humain ne travaille naturellement que dans le domaine arithmétique et physique; il ne peut entrer dans le domaine métaphysique que par une série d'opérations algébriques, dont la plupart lui sont impossibles à effectuer; il ne perçoit les valeurs que dans leur relativité, par comparaison, c'est-à-dire par différenciation: il ne perçoit que des différentielles, les variations des entités entre deux de leurs états successifs, dans des limites déterminées, d'autant plus rapprochées qu'il est moins lucide, d'autant plus éloignées qu'il est plus puissant. L'esprit ne saisit ainsi que les rapports qui existent entre deux entités appartenant au même ordre, séparées par une distance plus ou moins grande suivant son acuité; l'intelligence ordinaire ne perçoit, en somme, d'un volume, que des sections, des segments limités par deux plans parallèles très voisins, des feuilles, tandis qu'une intelligence plus aiguisée et plus avertie saisit la nature de volumes déterminés par des plans beaucoup plus éloignés, c'est-à-dire qu'elle conçoit l'existence de rapports entre des entités que l'opinion vulgaire regarde comme absolument étrangères l'une à l'autre, aucun esprit ne pouvant, sans une opération d'ordre transcendantal, arriver à la compréhension d'un volume entre ses deux plans limites, l'intégration d'une formule algébrique ne pouvant se faire que dans des cas exceptionnels, de même que la détermination des racines d'une équation d'un degré supérieur au quatrième, ce qui marque les limites de la raison. C'est assez dire que l'esprit humain ne peut, par le jeu de ses attributs, juger la valeur d'une entité dans son essence absolue, indépendamment de la comparaison avec une série d'entités, qui lui servent d'étalons, grâce à la comparaison desquelles il discrimine ses caractéristiques; on ne peut juger un tableau, un morceau de musique, dans leur valeur absolue, sans les rapporter à des types connus, sauf dans quelques cas particuliers qui relèvent de l'inspiration ou de l'intuition; l'une et l'autre sont supra ou extranaturelles; elles inspirent à l'âme une jouissance particulière, une euphorie spéciale, infinies, qui ne sont pas humaines, que les Soufis considèrent comme l'extase حال, qui fait progresser le Mystique dans l'échelle des stades.

de l'Unéité حضرة احدیّة ; les Soufis y ont introduit ce concept tout musulman que c'est là le stade de la distance des deux arcs qui séparèrent Mahomet du trône d'Allah, au cours de la nuit de son ascension.

Le quatrième aspect de cette route du Soufi dans la Transcendance est la « marche vers la Divinité, ayant pour origine la Divinité, partant de la Divinité » السير بالله من الله, de la Divinité à laquelle atteint le Mystique, du moment où il se trouve qualifié de l'essence des attributs divins; cette marche part de la Présence de la Somme intégrale حضرة جمع الجمع, pour aller vers la Présence de la Toute-Perfection حضرة الكمليّة ; son point terminal est l'existence éternelle بقا après l'anéantissement فنا, la séparation (de l'Unité de Dieu) après l'Union (en Elle) فرق بعد الجمع; c'est-à-dire que le Mystique, parvenu à l'anéantissement, à la disparition, dans l'essence de l'Âme universelle, à la fin du troisième aspect de la Voie, se sépare de la Divinité, et part d'Elle pour marcher dans son unité indéfinie, dans un attribut essentiellement et absolument homogène, où il ne rencontrera que la perfection intégrale, se séparant de son ipséité, en ce sens qu'il gravite pour l'éternité dans son enveloppe géométrique, laquelle est indéfinie, et se trouve reportée aux limites de l'Infini.

Dans son introduction à la *Nafahat al-ouns*, Nour ad-Din 'Abd ar-Rahman al-Djami dit, d'une façon plus simple et moins alambiquée, que la « marche vers la Divinité » a pour terme final l'anéantissement فنا, et que l'existence éternelle بقا est le commencement de la « marche en la Divinité », ce qui revient à dire, comme le fait Hosaïn ibn 'Ali al-Va'iz al-Kashifi, que la marche dans les attributs divins est éternelle.

On voit que Hosaïn ibn 'Ali divise la vie du Soufi en deux parties, qui sont discriminées par le moment précis où il passe dans l'aspect imaginaire du monde, la seconde partie de son existence mystique étant complètement imaginaire, et se déroulant dans le monde intangible; l'auteur ne s'est d'ailleurs pas donné la peine de chercher à déterminer si le Mystique, dans cette vie imaginaire, est réellement vivant dans le monde matériel, ou si ce voyage dans l'ipséité de la Divinité se produit après sa mort; il aurait probablement été assez embarrassé pour le faire, car toute cette doctrine est aussi hétérodoxe que possible, et des précisions plus grandes eussent pu engager l'auteur dans des affirmations dangereuses.

La doctrine des Ésotéristes musulmans est une adaptation inconsciente, incomplète, maladroite, de la théorie bouddhique du samsara, du nirvana, des dhyânas, aux dogmes de l'Islamisme, ou plutôt une superposition incohérente et illogique de deux systèmes rigoureusement contradictoires, la doctrine hindoue des existences multiples, suivies de l'absorption, de la disparition de l'être dans l'Âme universelle, la croyance sémitique à une existence unique, suivie après la mort d'une existence plus ou moins parée de charmes et de jouissances, suivant qu'on évolue dans le Judaïsme, dans le Christianisme, dans l'Islam. Les docteurs mystiques, dans leurs livres, les théoriciens de la secte, n'admettent pas la métempsychose, et, en tant qu'ils se disent Musulmans, il leur est rigoureusement impossible d'y ajouter la moindre créance, d'y faire la plus petite allusion; ils ne veulent pas qu'un homme puisse revivre sous la forme d'un animal, ce qui est en contradiction absolue avec les théories de l'Islam (1); ils ont gardé la doctrine des

(1) Dans les traités dogmatiques; cette doctrine, comme on va le voir, a parfaitement cours chez les Turcs osmanlis; mais les Turcs, au point de vue de leurs relations avec le Bouddhisme, sont un cas d'espèce tout particulier; je ne crois pas que des Musulmans, dans les pays de langue arabe, ou en Perse, aient jamais admis, d'une façon générale, que l'homme puisse revenir sur cette terre, sous la forme d'un chien ou d'un canard; que quelques originaux l'aient pensé ou écrit, le fait est certain; mais leur scandaleuse opinion est demeurée sporadique, et elle n'a eu aucune influence sur les croyances de l'immense majorité de leurs contemporains. Il n'en va pas de même chez les Turcs; l'influence du Bouddhisme sur l'Islam des Persans a été très superficielle, tandis que toutes les peuplades turkes, en général, ont été bouddhistes et chrétiennes, en même temps qu'elles conservaient de très anciens cultes de sorcellerie, lesquels formaient leur véritable religion, dans l'Antiquité, avant qu'elles ne se convertissent aux dogmes de la croyance hindoue, ou de la foi de Jésus-Christ. Je me rappelle avoir vu, chez un vieux Turc, un exemplaire du *Masnawi* de Djalal ad-Din Roumi, placé dévotement sur un riche piédestal, formé d'une tablette de marbre, supportée, dans un cadre de bois ciselé et enjolivé à la chinoise, par trois pieds aux cambrures savantes, identiques à ceux que les ambassades siamoises mirent à la mode sous le règne de Louis XV; les Siamois tenaient cette technique du Céleste Empire, où Sakyamouni, les jambes repliées, la main levée dans la quiétude de la bodhi, trônait sur une console ornée, aux pieds

renaissances multiples et successives, qui forme la base
essentielle du Bouddhisme; ils en ont limité le nombre à quatre.

incurvés comme les pans d'une caisse de violon. Les Turks bouddhistes des
villes de l'Asie Centrale connurent ce meuble rituel, au même titre que les
Siamois, que les Coréens; ils conservèrent l'élégance de son galbe quand ils se
furent convertis à l'Islam, et naturellement ils en firent disparaître l'image dorée
de Gautama; ils n'osèrent y mettre le Koran, pas plus que les peintres grecs ne se
permirent de placer le Pentateuque sur le trône du basileus; la parole de Dieu
ne saurait doubler l'image d'un mortel; ils y mirent le *Masnawi*, qui est le
livre le plus saint après le Koran, dont son illustre auteur a dit avec raison, et
à juste titre : « Ce Livre est le Masnawi transcendantal; il est le Principe des
principes des principes de la Loi, dans la révélation des secrets de l'Union avec
la Divinité, de la Connaissance intégrale; il est la Jurisprudence d'Allah, le très-
haut. » Ils y eussent placé l'Évangile, comme le firent les enlumineurs byzantins,
si le hasard avait voulu qu'ils renonçassent au Bouddhisme pour garder la foi
chrétienne; l'existence de ce meuble rituel, de cet autel domestique, chez les
Turks, est amplement prouvée par la décoration d'une très belle reliure, en cuir
estampé et doré, d'un fragment des œuvres poétiques de Sa'di, laquelle appartient au Musée des Arts décoratifs, et figure des anges musulmans, qui adorent,
les ailes éployées, un Bouddha assis placidement, dans l'attitude du quiétisme,
sur un trône de forme carrée, tel que ceux qui étaient en usage à l'époque mongole; ce livre porte la date du vendredi 26 Djoumada premier de l'année 909
de l'hégire, c'est-à-dire du 16 novembre de l'année 1503, et son exécution se
place tout à la fin du règne de Sultan Hosaïn Mirza, à Hérat, dans le Khorasan; cette fantaisie prouve qu'il n'y avait pas très longtemps que les Turks,
soi-disant convertis à l'Islamisme, possédaient encore, dans les villes de l'Iran,
ces monuments de l'idolâtrie.

Chez les Bouddhistes, l'homme peut parfaitement descendre de l'humanité
à l'animalité, dans une vie postérieure à celle dont il sort, pour être puni des
fautes qu'il y a accumulées; le samsara des gens ordinaires comporte une série
d'états humains, et une série d'états animaux; seuls, les prédestinés sont garantis
contre ces chutes; cette grâce efficiente, d'ailleurs, est indépendante de toute
condition; la prédestination est fatale : on ne peut ni la provoquer, ni lui échapper;
elle est un fait de volition d'une puissance qui échappe à la raison humaine. Les
Persans n'ont pris, de ces deux aspects du samsara, uniquement que celui qui
n'était pas en contradiction radicale avec le Koran, la succession indéfinie des
existences dans les attributs de l'humanité; ils ont nettement réagi contre le
samsara, qui comprend des alternances d'humanité et d'animalité, les secondes
étant la punition, le châtiment des erreurs commises dans les premières, en
établissant ce principe absolu, que le Mystique, pour arriver à la Connaissance,
doit constamment s'élever à travers les stades, en affirmant que, s'il tombe un
instant, si peu que ce soit, la dégradation est définitive, qu'il ne peut reprendre
son ascension, tout le terrain gagné jusqu'alors étant irrémédiablement perdu.
Les poètes mystiques, même dans les pays de langue arabe, tel Aboul-'Ala al-
Ma'arri († 1057), ont toujours été plus libres que les dogmatiques; ils ne se
laissèrent pas enchaîner et entraver dans le cercle étroit d'un enseignement
officiel, dont les dogmes sont inspirés par les puissances du jour; le pouvoir ne
leur prêtait aucune attention, parce qu'il les considérait comme des fantaisistes

par une imitation incompréhensive des quatre dhyâna, qui
précèdent la bodhi de Gautama, tandis que les sectateurs de
Sakyamouni, dans la logique même de leurs principes,
admettent que ce nombre peut être indéfini; par une consé-
quence inévitable, ils ont limité à quatre le nombre des morts
successives qui délivrent le fidèle des affres de ces vies d'un
jour, tandis que le nombre de ces « délivrances de la vie », de
ces djîvanmukhti, dans le Bouddhisme, est naturellement en
nombre égal à celui des vies qui forment les maillons de la
chaine du samsara; mais ils n'en ont pas moins établi que la
« marche dans la Divinité », qui commence par la vie éternelle,
après la disparition, l'anéantissement, l'absorption finale de
l'être humain dans la Divinité, comprend un nombre incalculable de stades, qui correspondent aux existences successives de
la théorie hindoue. Cette « marche dans la Divinité » représente
le samsara bouddhique, dont elle est une approximation, infiniment plus que les quatre modalités de l'existence qui la
précèdent, et qui la déterminent.

En fait, les stades طور, dans toutes les vies du Mystique,
représentent chacun l'une des existences du samsara; ils sont
déterminés par les extases حال; les extases sont les dhyânas, ou
plutôt la multiplication des dhyânas, si, dans la théorie hindoue
primitive, les dhyânas, eux aussi, n'étaient pas en nombre
indéfini; ces extases impriment à l'âme une modalité constante,
qui produit et détermine le stade; le nombre des extases, et
des stades auxquels elles conduisent, est indéfini, et infini,
comme on le voit par l'analyse des extases du « Pôle », qui
remplit une place énorme, à la fin des *al-Foutouhat al-Makkiya*

---

sans influence, dont l'opinion ne saurait émouvoir la foule illettrée: on les
laissa parler, et ils en profitèrent pour dire la vérité, ce qu'ils croyaient tel, qui
était sévèrement interdite aux officiels, même aux officieux; ils enseignèrent
parfaitement que l'homme renaît sur cette terre. Cette doctrine de la réincarnation رجعت est absolument contraire au dogme chrétien, je ne parle pas
du dogme musulman, où elle est peut-être encore plus antinomique: il est plus
que douteux que les Soufis l'aient prise aux Pythagoriciens, par l'intermédiaire
des Gnostiques, qui se rattachaient aux sectes de l'Antiquité: le Pythagorisme
était bien loin au xv siècle: il est plus conforme à la raison, et à la contingence
des probabilités, d'y voir un emprunt au Bouddhisme, qui florissait alors sur les
marches de l'Islam.

de Mohammad ibn 'Ali ibn al-'Arabi. Cet Ésotériste, parlant, dans son trois cent quatre-vingt-unième chapitre, des degrés successifs qui existent dans l'Unité توحيد et dans la Multiplicité de l'Être unique, n'en cite pas moins de mille, trois mille, cinq mille, neuf mille, suivant les opinions divergentes de ses confrères en Transcendance.

La Connaissance معرفت, à laquelle parvient le Mystique, après une longue ascension à travers l'infinité des stades, est la bodhi des disciples de Sakyamouni. L'anéantissement, le فنا, qui termine la « marche vers la Divinité », est un parinirvâna (1), suivi immédiatement par la mort; mais les Musulmans ne se sont point aperçus que l'anéantissement, l'évanouissement intégral فنا, après l'union dans la Divinité, suppose et entraîne l'anéantissement d'Allah, puisque le Mystique et Allah ne forment plus qu'une entité unique, ce qui est une absurdité radicale dans le dogme islamique, Allah n'ayant pas eu de principe, et ne devant jamais connaître de fin; c'est là une antinomie à laquelle ils n'ont point prêté attention : la doctrine du Nirvana n'est intelligible que dans le Bouddhisme, parce que le Bouddhisme ne connaît point la Divinité, mais une série d'esprits divins; elle est incompréhensible dans toute autre forme religieuse (2).

(1) *Parinirvâna* est le nirvana suprême, au delà duquel il n'y a rien; dans son sens primitif, *nirvâna* signifie extinction, d'où refroidissement, non-action, ce qui représente des concepts très agréables dans un pays où la chaleur torride rend tout effort pénible, puis, par extension, simplement, anéantissement dans la quiétude humaine; la signification étymologique de nirvana est donc notoirement insuffisante quand l'on entend parler de l'« anéantissement » du Bouddha, dont les textes palis disent qu'il s'est absorbé dans le concept du nirvana ataraxique, dans lequel il n'existe aucun élément qui puisse venir troubler son âme *anupâdisesanibbânadhatu*.

(2) Le Bouddha, dit le *Mahâparanibbânasutta*, a atteint la bodhi une fois pour toutes, et la bodhi lui a donné la Connaissance intégrale. La bodhi, chez Sakyamouni, est produite par l'ensemble de son karma, par la somme des mérites qu'il a acquis, au cours de toutes ses existences antérieures, au sein du samsara; la bodhi n'est point la résultante de ses exercices spirituels, encore moins des dhyânas, qui, en somme, sont des extases, des jouissances extatiques; la bodhi est essentiellement distincte des dhyânas, qui peuvent exister pour les hérétiques. Il n'en est pas moins certain que, dans la doctrine primitive du Bouddhisme, empruntée, comme toute sa théorie, au système des Brahmanes, le Bouddha a éprouvé la jouissance des dhyânas, en récompense de ses exercices de mortification spirituelle, dans chacune de ses existences, à des époques et des instants distants les uns des autres, dont la répétition se confond en

Dans un passage de son *Madjma' al-bahraïn*, Shams ad-Din

quelques heures, au cours de la nuit de la bodhi; les quatre dhyânas, en effet, comme on va le voir, sont des extases, des illuminations, qui amènent le Bouddha à des stades de plus en plus élevés, dans lesquels il se dépouille successivement de la contingence de toutes les matérialités, pour arriver à l'impondérabilité de l'esprit, qui précède immédiatement l'éveil de la bodhi. Les théoriciens du Bouddhisme ont supprimé le système des quatre dhyânas, des dhyânas, en général, sans présumer de leur nombre, dans chacune des existences successives de l'homme qui doit devenir le Bodhisattva, puis le Bouddha, par la raison très simple, qu'à l'époque de la rédaction du Canon, ils voulurent établir ce principe, que la bodhi est, en fait, une grâce efficiente, qui ne peut s'acquérir par une volonté, ou par la volition de l'être humain.

C'est tout au plus, dans la doctrine des livres bouddhiques, si l'on peut dire que la bodhi est préparée pour Gautama, d'une façon absolument inconsciente, par une série d'exercices surérogatoires, qu'il s'inflige avec une très grande sévérité, au début de sa vie religieuse, auxquels il se soumet jusqu'au jour où il s'aperçoit de leur inefficacité intégrale; Sakyamouni, en se livrant à ces austérités, ne savait ce qu'il faisait; il essayait un système qui se trouva inutile; du moment où il comprit que ces pratiques, comme toutes les contingences mondaines, sont une vanité, une erreur, une vacuité, une apparence fallacieuse, qui conduisent au fond d'une impasse, il y renonça sur l'heure, spontanément, et se mit à manger.

Les Bouddhistes furent des psychologues avisés : ils ont parfaitement reconnu que le travail à force, le « labor improbus », sur une discipline, n'éclaire point, il ne vainc pas, il ne mène à rien, ou plutôt il conduit à un mur infranchissable; il crée des voiles, et abrutit; le jeu inconnu, incognoscible à jamais, de l'activité cérébrale, des facultés de l'âme, illumine subitement l'essence de la discipline de lueurs aveuglantes, de longues années après qu'on a délaissé son aridité; les Perses, qui étaient près de la nature, ont distingué soigneusement l'intelligence naturelle, de l'intelligence « acquise par l'oreille », en affirmant la supériorité de la première; l'instinct, l'intuition, la compréhension, valent mieux que ce que l'on apprend par cœur dans les livres, et le bon sens est en raison inverse de ce qu'on a acquis péniblement par une étude acharnée.

Quand un bouddha est parvenu à la bodhi, et à la connaissance qui en est la résultante, il est libre de choisir entre deux voies qui s'ouvrent devant lui : la première consiste à entrer immédiatement dans le nirvana par la mort physique, sans que les textes, comme il faut s'y attendre, s'expliquent clairement sur ce point, soit que le bouddha se laisse périr par un acte de volition, ce qui est contraire au dogme, car l'on ne doit théoriquement attenter à l'existence d'aucun être, soit qu'il attende la mort dans le quiétisme absolu, l'intervalle qui sépare l'instant où il a atteint la bodhi, de sa fin naturelle, étant une infinitésimale par rapport à l'immensité du samsara; le bouddha, qui choisit cette voie, quoique ayant découvert les quatre vérités satya, qui sont essentiellement différentes des dhyânas, ne prêche point la sainte Loi; il s'éteint, il entre dans le Néant, sans avoir été d'aucune utilité pour les hommes; beaucoup de bouddhas ont agi de la sorte; ils portent le nom de pratyékabouddhas; leur bodhi, leur connaissance, si chèrement achetée, si péniblement acquise, fut un songe perçu par un sourd-muet, qui n'en peut rendre compte.

Le bouddha qui s'engage dans la seconde voie est le samyaksaṃbouddha, tel

d'Abarkouh dit que le Mystique peut être favorisé d'extases dans les stades qui suivent sa mort physique, dans lesquels il est

Sakyamouni, qui vécut longtemps, pour le temps terrestre, après avoir atteint la bodhi, qui enseigna aux hommes l'essence des quatre vérités, qui créa une Loi, pour le remplacer au jour où, entrant dans le nirvana, il disparaîtrait entièrement, et s'évanouirait dans le Néant infini.

Quand Gautama eut renoncé à la surérogation, il s'assit sous l'arbre de la bodhi, dans la quiétude extatique, se sentant animé d'un courage invincible, qui était produit dans son cœur par la conviction absolue qu'il était parvenu à la science parfaite; ce fut alors que se produisirent en lui les quatre dhyânas, et la vision de toutes les existences antérieures qu'il avait vécues au cours du samsara; la somme des quatre dhyânas et de cette vision de ses vies révolues forme la première science vidyâ de ses existences du samsara, qui deviennent alors indépendantes du concept du temps, au sein duquel elles se sont écoulées. Les quatre dhyânas forment une série de quatre états conscients, lesquels sont conditionnés les uns par les autres, dans un ordre tel qu'un bouddha ne peut passer directement du premier au troisième, du second au quatrième, et qu'il en doit suivre la chaîne dans son intégralité; ces dhyânas sont pour Gautama la source de jouissances sereines, cette jouissance étant l'السكينة du Soufisme, et ils sont suivis de la bodhi, qui est un éveil, un réveil, l'état d'avoir enfin les yeux ouverts, et de contempler la réalité essentielle; la bodhi n'est point une crise dans l'inconscience; elle est, tout au contraire, un état d'euphorie et de quiétisme parfait dans la conscience absolue.

Sakyamouni, dans le premier dhyâna, écarte les voiles des sens pour raisonner sur des sujets philosophiques et métaphysiques; dans le second, il écarte les voiles du raisonnement pour ne plus se fier qu'à l'intuition; le troisième lui procure une jouissance active, dont il écarte le voile, pour ne conserver que la jouissance passive, le souvenir de ce qui fut la jouissance active; dans le quatrième dhyâna, le concept de la jouissance, de la discrimination entre l'agréable et le non-agréable, s'évanouit et disparaît de son âme; le Bouddha atteint l'indifférence absolue, le détachement définitif des choses du monde, le renoncement intégral, qui écarte les derniers voiles, et qui est suivi par la bodhi. Ces quatre dhyânas, et la vision de ses stades dans le samsara, remplissent la première veillée de la nuit de la bodhi.

Gautama, employant alors la vue divine, la vue métaphysique, celle que les Ésotéristes appelleront بصيرت, pour la distinguer de la vue matérielle بصر, contemple les êtres, en nombre infini, de tous les mondes, qui passent d'une vie à une autre dans le samsara, dans l'Océan sans terme des existences, et il perçoit leurs destinées, indépendamment du concept de l'espace, alors que, dans le stade précédent, il avait levé le voile du concept du temps; et cela forme la seconde veillée de la nuit de la bodhi.

Sakyamouni est désormais affranchi des entraves que formaient pour son esprit les concepts imaginaires et irréels de l'espace et du temps, des dimensions géométriques, des constantes mathématiques du monde; il contemple alors l'origine de la souffrance, son extinction, les quatre vérités satya; il perçoit l'origine et l'extinction des quatre ivresses inconscientes, des quatre alcools, âsava, de l'amour sensuel, de la matérialité, de l'ignorance, du concept dogma-

entré dans le monde immatériel. Or, les extases ayant pour résultat de faire progresser le Mystique dans la Voie, il en faut

tique du monde; et cela forme la troisième veillée de la nuit de la bodhi.

L'existence du Bouddha se trouve alors épuisée; ses destins sont accomplis; la nuit de la bodhi est terminée; l'aube s'est levée; au matin, et durant plusieurs jours, Sakyamouni demeure sous l'arbre de la bodhi, jouissant de la félicité infinie et du bonheur suprême; mais il se prend à penser que l'ignorance des hommes est invincible; il songe à entrer volontairement dans le nirvana, par l'extinction et par l'évanouissement, en se laissant périr; il est alors *djîvanmukta* « délivré vivant des affres du samsara »; il n'existe plus pour lui de cause efficiente de péché; il continue le mouvement de la vie par vitesse acquise, sans avoir de raison de vivre.

Mais il renonce à cette lâcheté sous l'inspiration de Brahma Sahampati, *une*, et non *la* divinité, qui lui dit que, jusqu'à lui, la sainte Loi a été prêchée aux hommes par les bouddhas des âges précédents d'une façon défectueuse, que lui seul, Sakyamouni, possède la connaissance de la véritable doctrine, et cela l'incite à commencer sa prédication.

Lorsqu'il est arrivé au stade de la bodhi, Gautama peut, par jouissance, tous les jours, évoquer la série des quatre dhyânas, et il emploie la vision divine, la vue transcendantale, pour savoir ce qu'il lui convient de faire, comment il doit agir. Les dhyânas, dans la théorie actuelle du Bouddhisme, peuvent être des états conscients, ou inconscients; il est visible que, primitivement, ils se produisaient dans une conscience absolue, et que c'est par une stylisation postérieure que l'on a admis la complication d'états inconscients, qui, dans la théorie moderne, font progresser le Mystique dans la Voie à son insu. Quand, sur sa couche funèbre, il eut prononcé ses dernières paroles, Gautama entra dans une nouvelle série des quatre dhyânas, dans l'ordre 1, 2, 3, 4; il sortit de l'état produit par le quatrième, pour entrer dans l'infinité de l'espace, d'où il arriva à l'infinité de la conception, d'où il passa dans le stade de la non-conception et de la non non-conception, puis dans celui de la disparition absolue, de l'évanouissement de la conception et de l'extinction de la réaction des sens; il sortit de cet état de paralysie des fonctions intellectuelles pour entrer dans l'avant-dernier stade de sa vie terrestre; il repassa alors la série des quatre dhyânas dans l'ordre 4, 3, 2, 1; puis il la recommença dans l'ordre 1, 2, 3, 4; après quoi, il entra dans le nirvana, dans un état de conscience intégrale. Cette analyse psychologique repose sur une réalité, non sur une fantaisie; elle traduit une série instantanée d'évolutions de la pensée, qui se produisent au moment où la mort s'approche, dans lesquelles on revit avec une rapidité fulgurante, en remontant le cours de la vie, tous les principaux états par lesquels on a passé depuis le moment où l'on a pris conscience de l'existence. Seul, un homme, qui serait revenu des portes de la mort, qui a touché à sa dernière tierce, et qu'un miracle a rendu à l'existence, pourrait dire si, à cette sensation de la régression des états, succède le concept d'une progression nouvelle, ayant pour origine le souvenir de la première perception de l'enfant, pour se terminer à l'instant même qui précède la mort.

La vue métaphysique, la vue du cœur, comme disent les Ésotéristes, la بصيرت, est nettement un aspect de la *manas*, la *mens* des Latins, des théosophes de l'Inde, et son concept a été emprunté aux religions de la Péninsule;

REVUE DE L'ORIENT CHRÉTIEN.

nécessairement conclure que la Voie n'est pas interrompue par
la mort. Comme l'auteur de ce traité d'Ésotérisme expose une
théorie d'après laquelle la vie matérielle de ce monde est
précédée d'une période dont la naissance marque la fin, et suivie
de périodes qui s'écoulent après la mort matérielle, il en faut
naturellement déduire que l'ascension dans les stades de la Voie
ésotérique, dont le dernier est l'anéantissement de l'être humain
dans l'ipséité de Dieu, commence avant la naissance et se
continue après la mort d'une façon infinie ou indéfinie, bien

l'homme possède cinq sens, grâce auxquels il acquiert la connaissance des entités
tangibles, plus la *manas*, qui perçoit le dharma, de même que les cinq sens
perçoivent les entités matérielles; - l'homme, disent les textes sanskrits, voit la
forme par l'œil; il entend le son par le moyen de l'oreille; il goûte la saveur
grâce à sa langue; il éprouve la sensation de contact avec les objets tangibles
par (le système des membres de) son corps; il sent l'odeur par l'odorat; il perçoit
le dharma par l'intellect - *cakshushâ rûpam paçyati; srotasâ shabdam çrnoti;
jihvayâ rasam svadate; kâyena sprashthavyam sprshati; ghrânena gandham
jighrati; manasâ dharmam vijânâti.*

Le dharma est l'entité intangible par excellence; il n'est pas la « Loi »; le
concept européen de « Loi », avec sanctions légales ou religieuses, humaines et
divines, n'a rien à voir avec le sens de dharma; le dharma est la règle à laquelle
on est soumis inéluctablement pour vivre sa vie, la somme des conditions auxquelles un être doit répondre pour accomplir l'œuvre qui lui est assignée; le
dharma est presque la Destinée; il est plus, il est l'ensemble des idiosyncrasies
qui la conditionnent et la déterminent pour chaque individu : le dharma du
voleur est de voler; le dharma du brahmane est de faire le sacrifice; le dharma
du kshatriya est de tuer; le dharma d'une gueuse de fonte est de peser et de
tomber; quand Sakyamouni dit qu'il enseigne, qu'il montre le dharma, il faut
entendre non la Loi, mais la méthode qui permet de vivre suivant la vertu, ce
que tout homme est tenu de faire, une règle, non la Règle.

Ces emprunts de l'Islam des Soufis à l'Indianisme sont beaucoup plus nombreux et fréquents qu'on n'est tenté de le penser; Auhadi, en 1332, a dit dans son
Djam-i Djam :

نام او خارج از عبارت ماست

ذات او فارغ از اشارت ماست

خرد ادراک ذات او نکند

فکر ضبط صفات او نکند

« Son nom est en dehors de ce que nous pouvons exprimer; son essence ne
peut être définie par nos descriptions; l'intellect ne perçoit pas son essence;
la raison ne saisit pas ses attributs », comme pour le Brahma des Oupanishads,
dont les attributs ne sont intelligibles que dans le mutisme de l'intelligence,
que l'on ne peut définir que par le silence.

loin d'être réduite aux quelques instants qui s'écoulent entre les deux infinis de l'existence spirituelle de l'homme.

Cette théorie est en contradiction rigoureusement absolue avec les dogmes essentiels de l'Islam; il est monstrueux de la trouver dans un livre qui a été écrit par un auteur musulman, car elle est une adaptation à peine déguisée, mais maladroite, de la doctrine bouddhique du samsara, suivant laquelle l'âme, émanée de l'Âme du monde, vit un nombre indéfini d'existences, humaines ou animales, dont chacune est déterminée par celles qui l'ont précédée, et dont la chaîne douloureuse doit se terminer au jour du Nirvana, par l'anéantissement dans l'Âme universelle, dont elle est une émanation.

D'autres docteurs soufis, effrayés probablement par l'étrangeté et l'hétérodoxie de cette doctrine des deux infinis qui précèdent et suivent l'existence de l'homme sur la terre, ont réduit la durée indéfinie du samsara aux limites de la vie humaine, en l'écrasant entre les quelques années qui séparent la naissance et la mort, au lieu de la laisser s'étendre sur les millions d'années de la théorie bouddhique. Tel fut le shaïkh Rouzbahan, qui a écrit, dans son *Livre de la Sainteté*, dans la seconde moitié du xiie siècle, qu'entre le moment où commencent les extases jusqu'à l'instant où elles cessent, c'est à dire jusqu'à l'arrivée du Soufi à l'anéantissement absolu dans l'ipséité de l'Être unique, il existe mille stades, dont chacun contient un million de nuances. Ce nombre presque infini de stades à travers lesquels l'homme s'élève par ses efforts dans les deux Voies, et par la grâce divine, représente la chaîne des existences successives dont les Bouddhistes supplient le ciel de délivrer leur âme, pour leur permettre de s'anéantir enfin dans le Néant suprême; les Musulmans qui ont emprunté cette théorie décevante aux Bouddhistes (1), et

(1) « Ceux que l'on appelle *Munasibi* sont proprement Pythagoriciens, ils croyent la Metempsychose ou la transmigration des ames, et il s'en trouve quelques-uns à Constantinople. Un certain *Albertus Robovius* Polonois de nation, mais élevé dans le Serrail, homme sçavant dans toute la literature des Turcs, et de qui j'ay appris la pluspart des choses particuliéres que je rapporte, m'a raconté un plaisant entretien qu'il eut sur ce sujet avec un Marchand Droguiste de Constantinople. Il dit qu'allant assez souvent à sa boutique, parce que c'estoit un homme qui avoit quelque étude, un jour qu'il faisoit collation avec

qui ont voulu, par respect pour les dogmes de leur Loi, la réduire à la durée de la vie humaine, ont bien été obligés de

luy, après s'estre entretenus familiérement de plusieurs choses, il donna un coup de pied à un chien noir, qui les incommodoit dans leur petit festin, ce qui ayant fait changer de couleur au Droguiste, *Albertus* jugea à sa mine que cela l'avoit fâché, ce qui l'obligea à luy en faire excuse, et à luy demander pardon s'il l'avoit offensé en frappant son chien. Le Droguiste satisfait de la civilité de son hoste, luy dit que ce n'estoit pas à luy, mais à Dieu qu'il devoit demander pardon, parce que ce qu'il venoit de faire n'estoit pas un petit peché. Pendant qu'ils s'entretenoient de la sorte, on portoit en terre un *Moufti*, nommé *Beha Efendi*; ce qui leur donna occasion de parler de l'ame du *Moufti*, aussibien que de celle du chien. Le Droguiste demanda à son hoste, s'il croyoit que l'ame de ce *Moufti*, que l'on portoit en terre, fust prédestinée à demeurer dans le tombeau jusques au jour de la resurrection. A quoy *Albertus* feignant de ne pouvoir répondre, pour l'obliger à resoudre luy-mesme la question, le Droguiste prit la parole, et luy dit nettement que les ames des hommes entroient après la mort dans le corps des bestes qui avoient le plus de rapport à l'humeur et au tempérament de ceux qu'elles animoient auparavant, et que par exemple, l'ame d'un gourmand entroit dans le corps d'un cochon, celle d'un homme lascif dans le corps d'un bouc, celle d'un homme généreux dans le corps d'un cheval, celle d'un homme vigilant dans le corps d'un chien, et ainsi des autres; et pour prouver cela, il luy fit voir un livre qui traitoit de tous les différens naturels des hommes, et des lieux où leurs ames devoient habiter après leur mort. A quoy il ajoûta ensuite, en se plaignant qu'il y eut si peu de personnes de cette opinion dans Constantinople; qu'il y en avoit à la verité quelques-uns presque tous de sa profession; mais qu'il y en avoit un fort grand nombre au Caire; que pour luy il prioit Dieu continuellement, comme faisoient tous ceux de son mestier, que leurs ames eussent l'honneur, après la mort, d'entrer dans le corps d'un chameau; parce que c'est un animal laborieux, doux, patient, qui boit peu, et qui apporte toutes leurs drogues des lieux les plus éloignez de l'Orient; et qu'il ne doutoit point qu'après le tour de trois mille trois cens soixante-cinq ans que son ame auroit voyagé par tout le monde, et passé du corps d'un chameau pour en animer un autre, avec le tems elle ne rentrast dans celuy d'un homme, bien plus pure, et bien plus parfaite qu'elle n'avoit jamais esté. - (*Histoire de l'état présent de l'empire ottoman.... traduite de l'Anglois de Monsieur* Ricaut, *Escuyer, secretaire de Monsieur le Comte de* Wenchelsey... *par Monsieur* Briot, Amsterdam, Abraham Wolfgank, 1670, pp. 326-329.) J'ai parlé plus haut, page 89, de cette tendance qu'ont les Turks, comme le pharmacien de Constantinople et ses compatriotes, également turcs, du Caire, à admettre des théories d'origine bouddhique, qui révoltent les autres Musulmans; il paraît que les pharmaciens étaient d'opinion plus avancée que les autres corps de métier; 'Attar, qui introduisit le Bouddhisme dans le Mysticisme, tenait une boutique de droguiste à Nishapour; quant aux médecins, comme de notre temps, ils étaient, ou très cléricaux, ou matérialistes invétérés, et, dans les deux alternances, ils regardaient ces superstitions comme des billevesées; les Turks, comme on le voit, diminuèrent à la fois la durée du samsara, en la limitant au tiers de 100 siècles, et sa valeur morale, en le réduisant, sauf sa dernière existence, à une transmigration dans l'animalité.

comprendre la série indéfinie des existences du samsara dans une seule existence, de précipiter d'une façon exagérée le rythme de l'ascension du Mystique, dont chacun des stades représente une des vies que le Bouddhisme accorde à ses adeptes, pour y acquérir les mérites qui lui permettront de se rapprocher d'un stade du rivage qui limite l'Océan du samsara.

On sent, à la lecture de ces théories qui effraient dans des livres musulmans, que les docteurs qui les ont exposées, en les rognant de tous les côtés, en les modifiant, pour essayer de les faire rentrer tant bien que mal dans le cadre de ce qui pouvait être dit sans crainte de se faire taxer d'infidélité, n'en saisissent ni l'importance, ni la gravité, qu'ils rapportent, sans trop les comprendre, des fragments de doctrines qui leur sont étrangères, qu'ils ont empruntées à des civilisations essentiellement différentes de celle dans laquelle ils sont nés.

Cette doctrine de l'anéantissement de l'homme dans l'essence de l'Être unique, dans laquelle il est très tentant de voir un emprunt aux théories des Bouddhistes, est l'antipode de la théorie de l'émanation, ainsi que de la thèse de l'hypostase des Ismaïliens et des Soufis de la seconde époque, lesquelles sont d'origine hellénique. Toutes les deux ont pour résultat de faire de l'homme l'égal de la Divinité, mais leur point de départ est essentiellement différent; elles sont contradictoires; elles ne pouvaient vivre sur le même terrain; il fallait que l'une expulsât l'autre des livres du Soufisme, et, en fait, plus les ouvrages des Ésotéristes sont récents, plus on voit la théorie de l'hypostase reculer devant celle du Nirvana, pour disparaître complètement, et se trouver remplacée par l'adaptation assez maladroite des doctrines hindoues au dogme des Musulmans.

La doctrine de l'anéantissement paraît pour la première fois, vers 1100, dans le *Kitab al-arba'in fi ousoul ad-din* du célèbre Ghazali at-Tousi, qui fut le plus grand théologien de l'Islam, l'auteur incomparable de l'*Ihya ouloum ad-din*, et qui ne fut pas un Soufi, encore moins un Ésotériste. Elle n'étonne point dans l'œuvre immense de ce savant illustre, qui vécut à Tous, dans les provinces extrême-orientales de l'Iran, sur les confins du pays des Turks, dans lesquels le Bouddhisme régnait en maître, d'où il s'était répandu dans l'immensité du

Céleste Empire, jusqu'aux rives de la Mer Arctique, où le Khwarizmshah Atsiz, en 1148, se heurta à des bandes de mécréants dont il dispersa la cavalerie : « Le fidèle, dit Ghazali, tombe dans l'anéantissement de son ipséité, à ce point qu'il n'éprouve plus aucune perception provenant de ses membres matériels, aucune venant des entités qui lui sont extérieures, aucune, des accidents qui se produisent dans sa conscience ; mais il s'écarte de toutes ces contingences, se dirigeant tout d'abord vers son Seigneur, puis, ensuite, marchant en Lui. S'il passe dans l'esprit du Croyant, dans ces états, qu'il est anéanti de lui-même, d'une façon complète et absolue, c'est là un concept faux et erroné, car la perfection de l'anéantissement consiste en ce fait que le fidèle tombe également dans l'anéantissement de l'anéantissement, car l'anéantissement de l'anéantissement est la limite supérieure de l'anéantissement (1). »

C'est par l'anéantissement absolu فنا, par le dépouillement et l'abandon intégral de son ipséité فقر, que Farid ad-Din 'Attar, dans le *Mantik at-taïr*, vers 1160, termine la série des stades qui amènent le Mystique à la limite extrême de la Voie ésotérique : 1° la recherche de la Divinité طلب ; 2° l'amour que le Soufi doit ressentir pour elle عشق ; 3° la connaissance à laquelle il parvient de ses attributs معرفت ; 4° la satisfaction (2) et le quiétisme que l'âme et l'esprit du Mystique ressentent de cet état أستغنا ; 5° l'union en la Divinité توحيد (3), dont le Soufi

وذلك بأن يفنى عن نفسه حتى لا يحسّ بشى من ظواهر جوارحه (1) ولا من الاشيا الخارجة عنه ولا من العوارض الباطنة فيه بل يغيب عن جميع ذلك ذاهبًا الى ربه اولًا ثم ذاهبًا فيه اخرًا وان خطر له فى اثناء ذلك انه فنى عن نفسه بالكلية فذلك شوب وكدورة بل الكمال فى ان يفنى عن الفنا ايضًا فان الفنا عن الفنا غاية الفنا (Tholuck, *Ssufismus sive Theosophia Persarum pantheistica*, Berlin, 1821 ; textes donnés en appendice, p. 3).

(2) أستغنا من غير الله, dit Sanaï, dans sa *Hadika* (man. suppl. persan 1491, folio 23 verso), l'acte de se passer de ce qui n'est pas Dieu ; le renoncement à tout ce qui n'est pas Lui procure le quiétisme, qui est la cause efficiente du bonheur absolu, le souverain bien.

(3) توحيد : ce terme est l'un des plus fuyants de tout l'Ésotérisme ; pour l'auteur du *Kout al-kouloub*, comme pour tous les théologiens, *tawhid* (man.

éprouve un étonnement profond, une sensation qu'il n'a jamais

arabe 6680, folio 3 verso) signifie la croyance absolue par le cœur à l'Unité essentielle d'Allah, la persuasion intime qu'il ne dépend pas du concept du nombre, qu'il est le Primordial, qu'il n'existe pas une autre entité possédant la même ipséité que lui, qu'il est immortel, qu'il n'a pas eu de commencement, qu'il n'aura point de fin, etc.; c'est, en somme, le *Credo* des attributs théologiques d'Allah; pour Sanaï, dans la *Hadika* (man. suppl. persan 1494, folio 37 verso), la *tawhid* est la confession de l'unité d'Allah et de ses attributs, ce qui revient aux termes du *Kout al-kouloub*; dans le *Mantik at-taïr* d'''Attar (3673-3680), la *tawhid* est l'action de se dépouiller volontairement de toutes les contingences, de reconnaître leur multiplicité comme l'unité arithmétique; bien que le poète affirme que la Divinité n'est pas équipollente au concept du nombre, de l'espace et du temps, ce qui revient au même, qu'elle est au-dessus, ou plutôt, en dehors des limites de la raison, qu'elle n'est point contenue dans les deux éternités, dans les deux infinis, il est visible qu'il a hésité, dans son interprétation du mot *tawhid*, entre son sens théologique de reconnaissance, de confession, des attributs d'unité de l'Être suprême, et celui d'identification de la créature avec le Créateur, ce qui constitue une évolution sémantique considérable, en faisant tendre la signification de *tawhid* vers le sens d'*ittihad* اتحاد, qui est sensiblement la *waslat* وصلت. Près de deux siècles et demi plus tard, Nour ad-Din 'Abd ar-Rahman al-Djami, dans les *Lawayéh* (man. suppl. persan 1461, folio 9 verso), retourne à la définition des théologiens, de l'auteur du *Kout al-kouloub*, de Sanaï, avec une forte addition des théories bouddhiques sur l'inutilité absolue de l'effort pour arriver au salut final : - La *tawhid*, dit-il, consiste, pour le Soufi, à donner l'unité absolue à son cœur, c'est-à-dire à le purifier, à le délivrer de toutes les contingences, de tout ce qui est autre que la Divinité, tant en ce qui concerne la recherche de la Divinité, la volonté d'arriver à son ipséité, qu'en ce qui relève du concept de la science et de la connaissance : c'est-à-dire que sa recherche et sa volonté doivent être discriminées des objets de ses désirs et de sa volition, que toutes les entités cognoscibles et intelligibles doivent complètement disparaître du champ de sa vision métaphysique, qu'il doit détourner sa face de toute contingence, qu'il ne doit avoir de connaissance et de perception que de l'Être suprême -

توحيد يكّانه كردانيدن دلست يعنى تخليص وتجريد او ز تعلق بما
سواى حق سبحانه هم از روى طلب وارادت وهم از جهت علم
ومعرفت يعنى طلب وارادت او از همه مطلوبات ومرادات منقطع
كردد وهمه معلومات ومعتولات بليغ از نظر بصيرت او مرتفع شود از
همه روى توجه بكرداند وبغير حق سبحانه الهى وشعورس نماند.

En fait, *tawhid* et *ittihad*, grammaticalement, sémantiquement, sont les deux aspects d'un même mot et d'un concept unique; *tawhid* est l'acte actif de reconnaître l'unité des attributs de l'Être unique; *ittihad* en est l'état, l'acte passif, de même que le sanskrit *nirvâna* est une forme passive d'être identifié, de se trouver un, avec l'ipséité de l'Être unique; c'est, comme le dit excellemment Djordjani, dans ses *Ta'rifat*, l'union des deux ipséités, celle de la Divinité, celle de la créature, en une seule وحدة تصيير الذاتين واحدة.

ressentie حيرت, le sixième stade (6°), qui le conduit à l'anéantissement absolu فنا (7°), où il trouve l'oubli définitif, la disparition de la contingence des sens, la perte de la connaissance de toutes les entités, au delà duquel il ne peut progresser, qui constitue le septième stade (1). Après un temps infini, l'âme,

(1) « L'« Anéantissement », dit Mohyi ad-Din ibn al-'Arabi, dans les *al-Foutouhat al-Makkiya* (man. arabe 1336, folio 215 verso), est le frère du non-être; il possède la domination, s'il lui plaît de l'exercer; il est né du mot « ainsi », comme celui-là », non d'un autre; par la vertu mystique de la préposition « hors de », il possède en nous la prééminence; quant à l'« Anéantissement (en sortant) de l'Anéantissement », c'est (une manière ésotérique de parler) de ce qui subsiste de ténèbres (entre Dieu et l'homme); il est pour toi semblable à son essence, ce qui a été dit au sujet du Néant du Néant... »

ان الفناء اخو العدم   وله التسلط ان حكم

هو عن كذا لا غيره   فبعن له فنا قدم

ثم الفناء عن الفناء   حجاب ما يبقى الظلم

فشبهه بكن عينه   ما قيل فى عدم العدم

Certains Mystiques disaient que l'« Anéantissement » est la destruction des péchés, d'autres qu'il est la disparition intégrale du contrôle de la créature sur sa puissance active, par suite de la domination que l'Être suprême exerce sur elle, ces définitions étant plutôt celles de théologiens que d'Ésotéristes; d'autres, qui sont les véritables Mystiques, professaient cette doctrine que l'« Anéantissement » est l'évanouissement absolu de la créature, lequel se divise en plusieurs aspects, sept suivant certains, l'un d'eux étant l'« Anéantissement de l'Anéantissement ». Pour comprendre, en partie, les paroles d'Ibn al-'Arabi, il faut se souvenir que l'Être unique est séparé de la vue mystique de sa créature par une infinité de voiles, les premiers de ténèbres, les suivants de lumière, de plus en plus légers et éclatants, à mesure que l'on se rapproche du Trône de l'Unité intégrale, mais toujours impénétrables. L'« Anéantissement », dit Nour ad-Din 'Abd ar-Rahman al-Djami, dans les *Lawayéh*, signifie que, par suite du triomphe de l'évidence de l'existence de l'Être Transcendantal sur la conscience du Mystique, ce dernier ne garde aucun concept de ce qui n'est pas « Lui ». C'est un fait certain que l'« Anéantissement de l'Anéantissement » se trouve être l'un des stades de l'Anéantissement, par cette raison que, si le Mystique qui prétend à cet Anéantissement conserve la moindre notion de sa survivance, il n'est point parvenu à l'Anéantissement; cela, parce que la caractéristique essentielle de l'Anéantissement, et de l'état de celui qui en est favorisé, appartient à la catégorie de « ce qui n'est point Allah »; la notion, le concept de l'existence, sont donc rigoureusement incompatibles avec l'Anéantissement :

فنا عبارت از انست كه بواسطة استيلاى ظهور هستى حق
بر باطن بما سواك او شعور نماند وپوشيده نباشد كه فناى فنا در فنا
مندرجست زيرا كه صاحب فنارا اكر بقاى خود شعور بباشد صاحب
فنا نباشد بجهت انكه صفت فنا وموصوف ان از قبيل ما سواى حق
اند پس شعور بان بماند فنا باشد (man. suppl. persan 1463, folio 9 recto).

après l'anéantissement, atteint l'immortalité (1), à laquelle les Mystiques donnent le nom de بقاء, qui a plusieurs significations dans leur terminologie, « survie », « existence éternelle », comme c'est le cas pour la plupart des expressions dont ils usent, ce qui rend la lecture des livres de l'Ésotérisme singulièrement difficile (2).

(1) L'ascension à travers les stades de la Voie ésotérique s'obtient par le moyen de pratiques surérogatoires نافلة, tant matérielles qu'intellectuelles et morales, grâce à des exercices spirituels de mortification رياضة, qui se superposent aux cinq prescriptions rituelles de l'Islam, aux cinq ركن, la foi, la prière, le jeûne, l'aumône, le pèlerinage, et qui seuls ont une valeur efficiente aux yeux des maîtres de l'Ésotérisme. L'observance stricte des prescriptions rituelles conduit le Musulman au Paradis ; seule, la pratique de la surérogation peut amener le Mystique à Dieu. Cette doctrine est visiblement un emprunt aux théories du Brahmanisme : les œuvres, dans la théologie indienne, les œuvres matérielles, karmâni, conduisent au svarga, au ciel d'Indra, qui est périssable ; leur définition se trouve détaillée dans le Karmakânda, dans le Rituel, qui aboutit presque à la négation du concept divin ; la Pûrvamimâmsâ, qui est la doctrine du sacrifice fondée sur le Brahman, expose la théorie du Karmakânda, qui est, en fait, une division du Véda. Seule, la science, jnâna, opposée aux œuvres mécaniques, karmâni, peut conduire à l'apavarga, qui est le κόσμος impérissable, essentiellement différent du svarga, du ciel d'Indra ; c'est dans l'apavarga que l'homme qui a atteint la science trouve le moksha, la délivrance, ou le nirvâna, le bonheur suprême, la quiétude, le repos absolu ; le concept du nirvâna existe dans la doctrine des Brahmanes, et les Bouddhistes leur ont emprunté ce terme, avec son sens ésotérique, en le développant, et en lui donnant dans leurs théories une valeur et une importance dogmatique qu'il n'a pas, qu'il n'a jamais eues, dans le Brahmanisme ; l'ensemble du jnâna, le Jnânakânda, ou philosophie mystique, comme le Karmakânda, est une division du Véda ; il y a d'ailleurs des parties communes entre le Rituel et la Somme philosophique, entre le Karmakânda et le Jnânakânda ; l'Uttaramimâmsâ, ou Védânta, qui est fondé sur les Oupanishad, et représenté par eux, commente et explique les difficultés du Jnânakânda ; Dieu n'y figure que comme objet de culte, oupâsana. Il me paraît douteux que, dans ce parallélisme étrange, il faille voir l'effet et le résultat fortuit d'un simple hasard, d'une pure coïncidence.

(2) On vient de voir (p. 102, note) que بقاء peut signifier le concept que le Soufi garde de son existence, alors qu'il se croit déjà arrivé à l'« Anéantissement ». La survivance بقاء, dit Mohyi ad-Dîn ibn al-'Arabî, dans les al-Foutouhat al-Makkiyya, man. arabe 1336, folio 216 recto, signifie la pérennité des actes d'obédience, dans le même sens qu'« Anéantissement » فناء veut dire la disparition absolue des péchés, ces deux opinions étant naturellement émises par les mêmes personnes, des théologiens, et non des Ésotéristes ; d'autres théologiens, les mêmes qui professent la théorie suivant laquelle l'« Anéantissement » est l'anéantissement du contrôle de la créature sur ses actes par suite de la prééminence d'Allah en son esprit, voient dans la « survivance » بقاء le fait que la créature garde le contrôle de ses actes, malgré la prééminence d'Allah ; pour les Ésotéristes, et dans

Ces sept stades de Farid ad-Din 'Attar sont un syncrétisme étrange et déconcertant de concepts chrétiens et de lambeaux de doctrines bouddhiques; les deux premiers, la recherche de la Divinité, l'amour que l'on doit ressentir pour elle, après avoir tout fait pour la trouver, sont visiblement une adaptation des doctrines des religieux de Scété et des couvents syriens; ils sont aussi étrangers au Bouddhisme qu'à l'Islam; ils ne s'expliquent point dans la théorie des disciples de Gautama, pour lesquels il n'existe point de divinité que l'on puisse rechercher pour lui témoigner son amour; ils ne sont pas davantage sémitiques. Jéhovah et Allah, qui en est la réplique, se moquent bien qu'on les recherche et qu'on les aime; tout ce qu'ils veulent, c'est qu'on les redoute, et que l'on craigne leur colère; le troisième stade, la connaissance, est la bodhi, à laquelle parvient Sakyamouni, après avoir reconnu la vanité des pratiques auxquelles il s'était livré depuis qu'il avait renoncé au monde, pour embrasser la vie spirituelle et l'ascétisme; le quatrième et le sixième, le quiétisme et l'étonnement, sont des modalités morales; ils représentent les jouissances des dhyânas, singulièrement diminués, abâtardis, dans une incompréhension totale de leur essence; quant au cinquième et au septième, l'unification avec Allah, et l'anéantissement en son ipséité, il y faut voir un dédoublement assez maladroit du concept du nirvana.

le sens que ce mot possède dans ce passage, c'est l'éternité dans l'Être Unique, et c'est là l'opinion des personnes qui soutiennent la théorie suivant laquelle l'« Anéantissement » est l'évanouissement suprême et définitif de la créature. Il n'y a point de doute que les Ésotéristes ne voient dans la « survie », dans l'« existence infinie » بقى, la vie éternelle, en Allah, du Mystique, saint ou pécheur, à partir du jour où l'Archange aura dit du haut des Cieux : « Les temps sont révolus; le Temps est fini ». Ce concept suppose celui de la non-infinité des châtiments d'au delà de la mort; « les infidèles, dit le texte sacré, resteront dans l'Enfer, tant que dureront les Cieux, tant que vivra la Terre » خالدين فيها ما دام السموات والارض ; quand le Ciel et la Terre seront détruits, répond Mohyi ad-Din Mohammad ibn al-'Arabî, sous une lointaine influence mazdéenne, c'est-à-dire quand le Temps et l'Espace seront finis, lorsque leur concept aura disparu de l'existence du κόσμος, il n'y aura plus d'Enfer, et la créature vivra éternellement, au sein de la béatitude, dans l'ipséité de l'Être Unique, en dehors du Temps et de l'Espace, d'une vie métaphysique, dont la raison humaine ne peut comprendre la nature, ni percevoir l'essence.

C'est un fait patent que les doctrinaires de l'Ésotérisme ne pouvaient arrêter les destinées du Mystique après son anéantissement; bien qu'il disparaisse dans l'ipséité de l'Être unique, il n'en est pas moins anéanti, et ne peut par conséquent participer à la vie éternelle, qui est promise aux hommes après leur mort, comme un châtiment infernal ou une jouissance divine; le dogme islamique ne pouvait accepter que l'on prit de semblables libertés avec son essence; puisque le Koran proclame la vie éternelle, le Musulman doit vivre de cette vie dans l'Acte, et non dans la passivité, dans le néant du nirvana; les Ésotéristes inventèrent l'Éternité بقاء après l'Anéantissement فناء, au lieu de l'Éternité dans l'Anéantissement; ils admirent, qu'arrivé à un stade déterminé, le Mystique parvenu en la Divinité, se sépare d'Elle, et reprend la Voie indéfinie; le Bouddhisme, conséquent avec ses redoutables théories, admet comme un dogme essentiel que le samsara est définitivement terminé au nirvana, et qu'il ne saurait recommencer.

Les Ésotéristes furent habiles, et ils se tirèrent élégamment d'une difficulté sérieuse; ils furent moins subtils, ils montrèrent moins de logique, en condamnant Allah à disparaître, en même temps que le Mystique s'anéantit en son essence; ils pensèrent évidemment que l'Être unique n'est point soumis aux contingences de l'espace et du temps, qu'il est en dehors des conditions physiques et mathématiques de la vie humaine; que juger un de ses états, dans les limites de la raison, avec ses mesures, est parfaitement impossible et illusoire, que le Temps d'Allah n'est point le temps de l'homme que ces deux entités n'ont aucune commune mesure, que les constantes du monde peuvent varier de nature et de qualité d'un univers à un autre, que le néant de l'homme peut être l'Éternité de Dieu, ou en Dieu.

On chercherait en vain les traces de cette théorie de l'anéantissement dans les livres antérieurs à Farid ad-Din ʿAttar et à Ghazali; Ibrahim ibn Adham fut l'un des dévots des premiers âges; il mourut en 778; Koshaïri, dans sa célèbre *Risala*, expose sa théorie des stades; Ibrahim ibn Adham compte seulement six degrés dans la Voie ésotérique; le dernier est celui de la préparation à la mort, et ce Mystique, comme nous l'apprend Djami, descendait d'une famille qui avait professé le Bouddhisme, auquel il emprunta le concept de la Voie; le *Kout al-kouloub* d'Abou Talib Mohammad ibn ʿAli ʿAtiya al-ʿAdjami al-Makki († 996), la *Risala* de Koshaïri, qui fut terminée en 1046, sont de simples traités sur la voie exotérique, des manuels des conditions qui produisent l'élévation de l'âme du Soufi; leurs auteurs ne s'inquiètent pas de cet anéantissement du Mystique, et ils l'ignorent absolument.

Al-Ghazali quitta ce monde en l'année 1111; il connaît, comme on l'a vu plus haut, cette théorie de l'anéantissement du Mystique en la Divinité; il fait consister les vertus du Soufi, en ce stade ultime, le plus lointain auquel l'homme puisse parvenir, dans les louanges d'Allah et les actions de grâces rendues à sa bonté infinie. Sanaï, qui, d'après Djalal ad-Din Roumi, fut le grand-maître de l'Ésotérisme, au même titre que Farid ad-Din ʿAttar, n'en dit pas un mot dans sa *Hadikat al-hakikat*; la *Hadika* fut terminée en 1131; c'est un traité en vers, analogue pour le fond, non pour la forme, au *Kout al-kouloub*, à la *Risala* de Koshaïri; son auteur y parle de théologie, d'ontologie, de prescriptions relatives à l'observance de la Règle exotérique, de ses obligations morales; c'est à peine s'il y est question de l'union de la créature avec Allah.

ʿAttar, qui est né vers 530 de l'hégire, et qui est mort en 627 (1136-1229), à un âge extrêmement avancé, de l'aveu de tous ses biographes, est antérieur à Mohyi ad-Din Mohammad ibn al-ʿArabi (15 Ramadhan 560-22 Rabiʿ second 638 = 26 juillet 1165-10 novembre 1240); il alla s'instruire à Konia, avant que n'y arrivât Djalal ad-Din Roumi; ce fut dans cette ville qu'il épousa la mère de Sadr ad-Din Kouniavi, qu'il éleva, et dont il fit son disciple préféré. Si ʿAttar fut excommunié par ʿAla ad-Daulat as-Samnani, l'auteur du *Masnawi* lui rendit, comme à Sanaï, un hommage éclatant, et il déclara publiquement, avec raison, que le Soufisme persan est la création d'ʿAttar :

عطّار روح بود وسنائى دو چشم او

وما از پائى سنائى وعطّار آمديم

« ʿAttar fut l'Esprit et Sanaï fut ses deux yeux; et nous, nous sommes les modestes successeurs de Sanaï et d'ʿAttar. »

Peu d'auteurs iraniens ont connu Mohyi ad-Din ibn al-'Arabi, dont l'énormité et l'étrangeté les effrayèrent (1), sauf un certain Shams ad-Din, qui fut officier de police, à Abarkouh, à l'époque des Mongols, ce qui lui créait des loisirs, ainsi que Djami, qui fut le disciple spirituel d'Ibn al-'Arabi. Mais 'Attar vécut dans cet Orient de la Perse, qui était limitrophe des

(1) Encore est-il certain que ni Shams ad-Din, ni Djami, n'ont lu les *Foutouhat*, mais seulement l'abrégé du *Fousous al-hikam* et plusieurs opuscules secondaires d'Ibn al-'Arabi; le *Fousous* est déjà assez difficile, et Djami n'a osé commenter que son abrégé, où il ne reste rien; Djami s'est infiniment plus servi des commentaires de la *Taïyya* et de la *Mimmiyya* d'Ibn al-Faridh, qu'il a annotés, que des *Foutouhat*. L'influence des *al-Foutouhat al-Makkiyya* a été absolument nulle dans l'Islam; personne n'a jamais eu le courage, la همّة, d'aller jusqu'au bout, non tant par suite de l'énormité du livre, que parce que, si Mohyi ad-Din sait parfaitement ce qu'il veut dire, il le dit pour lui, sans s'inquiéter qu'on le comprenne, comme le montrent assez les quatre vers traduits à la page 102; la *Critique de la Raison pure*, à côté des *Foutouhat*, est aussi claire qu'un catéchisme de cinq sous. Par cela même, l'influence que l'on a voulu attribuer à Ibn al-'Arabi est une rêverie; c'est un fait indiscutable qu'il existe entre la théorie du monde transcendantal, telle que l'expose Ibn al-'Arabi, et celle qui se lit dans la *Divine Comédie*, des ressemblances évidentes; mais il n'en faut nullement déduire que Dante a connu, même indirectement, une théorie *inventée* par Ibn al-'Arabi. Quiconque connait ce qu'est la poésie, comment le poète travaille, sait pertinemment qu'il ne s'amuse pas à dépouiller des livres pour y chercher des thèmes, des sujets de brochures, pour y allumer son inspiration, ce qui serait le moyen infaillible de la tuer. Dozy a commis une erreur de cet ordre, en supposant que les poètes d'avant l'Islam consultaient, sans doute dans une librairie, les vers de leurs émules, et qu'ils y copiaient des formes inexactes; or ces poètes ne savaient même pas lire, et il n'est pas sûr qu'ils connussent la grammaire, puisque l'on voit, par le *Kitab al-aghani*, que certains rimeurs entretenaient des lettrés, qui retouchaient leurs vers au point de vue de la forme et de la correction. Tout ce que fait le poète, c'est de prendre dans son ambiance, à la condition que cela ne lui donne pas de peine, quelques idées, plus ou moins exactes, qui flottent dans l'air, et de broder sur leur thème; la forme est une chose, l'érudition, une autre; c'est en ce sens que j'ai parlé jadis des *Sources orientales de la Divine Comédie*. Les similitudes qui, sur ce point spécial, se remarquent entre Ibn al-'Arabi et l'Alighieri s'expliquent tout différemment : l'Islam, à ses origines, est une secte chrétienne, au même titre que l'Arianisme, le Nestorianisme, le Montanisme; il a puisé toute sa substance, non dans le Judaïsme, mais bien dans une hérésie du Christianisme, c'est-à-dire dans une forme où les éléments chrétiens étaient en une très grande majorité; on n'y trouve, en fait, rien qui ne soit du Christianisme déformé, abâtardi, incompris; que, dans ces conditions, on remarque, dans une œuvre chrétienne et dans une œuvre musulmane, les mêmes éléments, c'est un fait qui ne doit guère surprendre, puisque l'une et l'autre procèdent d'une même origine, puis qu'elles sont allées puiser leur esprit et leurs thèmes aux mêmes sources; voir les *Notes additionnelles*.

contrées où, au temps d'Albirouni, dans la première moitié du
XIe siècle, se voyaient encore, sur les frontières du Khorasan,
en Afghanistan, dans le Gandhara, dans le Kapiça, des ruines
et des vestiges sans nombre de la civilisation bouddhique; il
naquit à Nishapour, qui avait appartenu au Bouddhisme,
comme le montre assez le nom du village de Boutan, qui en
dépendait (1); il voyagea dans les provinces orientales du
Khorasan, dans l'Inde, jusqu'en Asie Centrale, où il entendit
les théories des Bouddhistes qu'il déforma (2).

C'est sous l'inspiration de doctrines étrangères à l'Islam que
la théorie du Soufisme a évolué d'une façon aussi complète, et
qu'au lieu de demeurer une discipline de l'esprit, qui devait
maintenir celui qui s'y livrait dans le juste milieu, et lui donner
la foi musulmane dans toute sa pureté, il est devenu une somme
de pratiques ésotériques qui doivent conduire l'homme à l'identification avec Allah, à la Divinité. Cette évolution était d'autant
plus inutile que les Soufis de la seconde période, dont les
théories avaient été contaminées par celles des Gnostiques, à

(1) *Les Peintures des Manuscrits orientaux de la Bibliothèque nationale*, 1914-
1920, pp. 250-251.

(2) C'est à tort que Hadji Khalifa, inexact comme tous les bibliographes otto-
mans, prétend qu'il est né à Hamadhan; les détails de sa vie, comme de tous
les poètes, sont à peu près inconnus; pour obéir aux prescriptions du Soufisme,
il entreprit de très longs voyages, dans l'intention de visiter les shaïkhs célèbres
et de suivre leurs leçons; il commença ses pérégrinations dès sa première
jeunesse, car on voit, par un passage de son *Mazhar al-'adjaïb*, qu'à l'âge de
treize ans, il visita Mashhad, dans le Khorasan; il se rendit ainsi à Koufa, au
Caire, à Damas, à la Mecque, il parcourut l'Hindoustan, poussa jusque dans les
contrées lointaines de l'Asie Centrale; après quoi, il s'en revint dans sa ville
natale, où il s'installa comme pharmacien dans une officine très bien achalandée,
au milieu de laquelle il se débattait, au moins à ce qu'il raconte, entre cinq cents
clients, ce qui ne l'empêchait point, entre temps, de se livrer aux pratiques
surérogatoires de l'Ésotérisme, et d'écrire d'innombrables poèmes, en toute hâte,
ce qui explique leur composition décousue et leur médiocrité (Mirza Mohammad
ibn 'Abd al-Wahhab al-Kazwini, مقَدّمهٔ انتقادی در شرح احوال شیخ عطار,
préface à l'édition du *Tazkirat al-auliya* de Reynold A. Nicholson, Leyde, Brill,
1905). Il passa trente-neuf années à rassembler les vers et les sentences des Soufis
parvenus à la grande Polarité عرفا, et c'est l'essence de leur doctrine de renoncement, d'humilité, de charité, qu'il a exposée dans le *Tazkirat al-auliya*; cet
ouvrage, avec la chronique de Rashid ad-Din, restera le chef-d'œuvre de la
prose persane, comme le *Livre des Rois* de Firdausi demeurera éternellement
celui de la poésie iranienne.

travers le Shiïsme des Ismaïliens, possédaient une théorie de la divinité de l'homme beaucoup plus commode, puisque l'homme était Dieu par émanation du Premier Moteur, sans avoir à se donner la peine de le devenir.

Il faut voir dans cette inconséquence le résultat d'un conflit qui s'engagea dans la Gnose musulmane, laquelle, comme toutes les Gnoses, était bien obligée d'aller chercher à l'étranger les éléments qu'elle déformait, pour les faire entrer dans son système, entre les théories hellénistiques venues de Syrie et les doctrines des Bouddhistes qui vivaient dans toute l'Asie Centrale, et même dans les parties les plus orientales du Khorasan, jusqu'aux frontières lointaines du Céleste Empire. Plus la Gnose islamique s'étendit vers l'Est, plus elle descendit dans le temps, et plus elle s'éloigna de ses origines alexandrines, dont le souvenir s'estompa et pâlit, sans qu'elle pût aller le raviver à une source qui s'était tarie depuis des siècles, et dont l'Islam naissant avait desséché les ondes. Ce fut alors que l'influence hellénistique disparut devant celle, beaucoup plus actuelle, des dogmes bouddhiques qui florissaient en Asie Centrale, jusqu'aux frontières de l'Iran, et dont la nouveauté un peu extravagante dut plaire aux disciples inconscients des Alexandrins, qui étaient accoutumés jusqu'alors à une harmonie et à une sérénité que l'on chercherait en vain dans les œuvres écloses sous le ciel de l'Inde.

E. BLOCHET.

Juin 1923.

NOTES ADDITIONNELLES

[*Page 6.*] Ammien Marcellin dit que la Sérique = Sin = Σήρ est limitrophe
de l'Ariane, c'est-à-dire qu'elle commençait aux frontières de la Perse,
pour s'étendre dans l'Est jusqu'à des limites indécises, ce qui correspond
parfaitement à la théorie de Pline (VI, 20), lequel compte les Tochari,
les habitants du Tokharistan, parmi les peuplades de la Sérique: les
Thyri qu'il leur adjoint sont les Tura de l'Avesta, qui sont en partie les
Turks occidentaux (*Journal of the Royal Asiatic Society*, 1915, p. 305);
les Attacori, qu'il nomme en même temps que ces peuplades, sont les
Turks orientaux, les Ἀτταχόραι, Ἰπταχοροι de Ptolémée, les Οὐτίγουροι
d'Agathias, les Ouïghours, dont le nom, Ouïghour, équivaut à Outighour,
avec l'alternance *t-d* = *y* (comme dans l'ouïghour *kaïkou* à côté du turk-
oriental *kaïghou* قايغ, de l'osmanli *kaïghou* قيغ, ce qui est un fait de
phonétique générale); un autre clan de ces Huns est nommé Κοτρίγουροι
par Agathias, Cutziagiri par Jornandès, ce nom étant Kotr-ghour, ou
Kotz-ghour, dont le premier élément Kotr-Kotz = Khotr-Khotz, avec
l'équivalence du rhotacisme, transcrit le nom Ghotz des Turks (*Rendi-
conti della Reale Accademia dei Lincei*, 1925), ghour, qui se retrouve
dans Outi-ghour, étant, avec la même alternance, ce même nom de
Ghotz; si l'on remarque que les Chinois, au XIIᵉ siècle (p. 14), ont transcrit Khouïghour la forme du nom de ces Turks orientaux, que les Persans
ont entendue Ouïghour, il en faut conclure que Outighour était Khouti-
ghour « les Ghotz fortunés ». Les Anciens, par Inde Sérique, entendaient
tout le pays qui s'étendait de Bactres à Patalibothra, c'est-à-dire, en fait,
les contrées qui furent soumises au sceptre des rois grecs de Bactriane
et des souverains indo-scythes, ce que l'Avesta nomme l'Inde blanche:
on retrouve dans cette dénomination la même confusion entre l'Inde
et le pays de Sin, qui se remarque dans l'opposition des noms de Sindbad
et de Sinbad (page 9). Thsin = Saêna = Σήρ, depuis le VIIIᵉ siècle,
était le royaume le plus occidental de la confédération Tchéon; c'était
par ses terres que les caravanes occidentales entraient dans le Céleste
Empire, et leur plus grand nombre n'allait pas plus loin que ses premières cités; il donna son nom à tout le pays qui s'étendait à son Orient,
et aux provinces de l'Asie Centrale, jusqu'aux frontières de la Perse;
ce fut ainsi que Babylone, les Achéménides, puis les états grecs de la
Bactriane, connurent sous les formes Sin-Saêna-Σήρ, tout le pays, des
marches de l'Iran aux limites du monde. Manou place la Tchina dans le
N.-O. de l'Inde, parce que c'était là qu'aboutissait la route de l'Inde à la
Chine par l'Iran, par Kaboul et la Porte de Fer. C'est en Asie Centrale, et

non en Chine, que reporte le nom de Tchin dans l'histoire arménienne,
qui l'a connu par la Perse : Zénob (iv⁰ siècle) dit que le roi du Djénasdan,
en pehlvi Tchinistan, offrit sa médiation entre Ardashir Iᵉʳ et Khosrau Iᵉʳ, roi d'Arménie ; il s'agit évidemment dans cette histoire, non de
l'empereur chinois, mais bien du souverain des Ephtalites, que le roi de
Perse cite dans une de ses inscriptions ; les Orpélians, qui vinrent en
Arménie par la Géorgie, longtemps avant les Mamighonians, sont nommés
en géorgien Djénavoul, en arménien Djénatsi, les gens de Tchin ; Moïse
de Khorène dit que, durant les dernières années du règne d'Ardashir,
Arpog Djenpaghour (= Tchin-baghpour), roi de la Chine (Djénastan =
Tchinistan), avait deux neveux Peghtokh et Mamkon, lequel se réfugia
en Perse, puis en Arménie, où Tiridate, qui venait de remonter sur le
trône, lui donna, pour lui et les personnes qui l'accompagnaient, la
province de Daron, d'où la famille des Mamighonians ; Tchin-baghpour,
dans ce passage de Moïse de Khorène, le « Fils du Ciel, (souverain)
de Tchin », est manifestement la transcription pure et simple d'une
expression pehlvie ; les noms d'Orpel, Arpog, Peghtokh, Mamkon ne
sont pas chinois, et rappellent bien plutôt des formes turkes ; Arpog se
retrouve, semble-t-il, dans le nom Arpok-(saïs) du fils du premier Scythe,
d'après Hérodote, que j'ai proposé d'expliquer par le turc *arpagh* « faucille»,
à moins qu'il ne [soit Ar-beg (voir page 63) « souverain des hommes »,
Peghtokh étant Beg-tagh « la montagne blanche », en turk. Cette vicinité
de l'état grec de Bactriane et du monde chinois, dont les sphères d'influence
venaient se couper sur un méridien de la Sérique, explique, comme je
l'ai exposé autre part (*les Enluminures des Manuscrits orientaux*, 1926, p. 40),
certains détails de l'histoire de l'Extrême-Orient ; je demeure persuadé
que c'est le papyrus grec qui a donné à Mong Thian, vers 221 avant
l'ère chrétienne, l'idée première de l'invention du papier fabriqué de
matières végétales ; dans l'Antiquité, les Chinois traçaient leurs caractères
sur des feuillets très minces découpés dans le bambou, polis à la pierre
ponce et mouillés ; plus tard, on écrivit sur des bandes d'étoffe longues
et étroites, de la même forme que les bandelettes dont on se ceignait les
cheveux *tcheu* 冊, dont la signification étymologique est « coiffure (traditionnelle) du clan », puis sur ces bandelettes tissées en soie 縜 *tcheu*.
dont le sens primitif a naturellement évolué en celui de substance
quelconque sur laquelle on écrit, sans que l'on doive déduire, de l'analyse
des éléments de ce caractère, que le papier, à l'origine, fût composé
de chiffons de soie. Le processus fut identique dans l'Inde ; aujourd'hui
encore, les Singhalais et les Dravidiens écrivent sur des olles, mais
il est certain, comme le montre l'étymologie du mot *tan-tra* « traité »,
littéralement « chose tissée », qu'à une certaine époque, les Hindous
écrivaient sur des bandes d'étoffe.

Les Chinois affirment que Fou Hi (— 3300) écrivait sur ses tablettes
de bambou avec des morceaux de bois pointus, et que ce fut Shun
(— 2280) qui inventa le style de bambou et le vernis noir, ce dit pinceau

de bambou ne permettant que le tracé grossier de caractères défectueux,
que Mong Thian inventa le pinceau en poil de lapin, qu'il substitua au
pinceau en poils d'antilope dont aurait usé Confucius. Mais tout ce que
racontent les Chinois sur l'histoire antique de leur nation est né d'une
exagération évidente, destinée à faire illusion sur l'ancienneté de leur
civilisation, et, des affirmations des Célestes, il convient seulement, sans
chercher à savoir si le pinceau de poils était connu à l'époque de Confucius, ce qui est plus qu'invraisemblable, de retenir cette affirmation que
les Chinois écrivirent d'abord avec un poinçon, comme les Singhalais,
et les Siamois, qu'à une époque postérieure, on inventa un style grossier
qu'on trempait dans le vernis, qu'en dernière analyse, Mong Thian inventa le pinceau de poil de lapin et l'encre, alors que Confucius maniait
une sorte de pinceau grossier en bois fendu.

La technique du papyrus que les Hellènes tenaient de l'Égypte était
autrement précieuse; mais les Chinois, suivant en cela la coutume de
tous les Orientaux qui empruntèrent, ou imitèrent, les formules clas-
siques, ne tardèrent pas à l'adultérer : vers l'année 105 de notre ère,
Tsaï Loun imagina, dit l'histoire, de faire bouillir dans un chaudron des
écorces fines, des morceaux d'étoffes de soie, de coton, de chanvre, de
vieilles cordes, de piler le tout dans un mortier, et d'en faire la pâte
à papier; cette invention, qui abîmait la formule de Mong Thian, était
inspirée par un sentiment d'économie; la forme primitive du papier
chinois était uniquement composée d'écorces d'arbres, comme le montre
aujourd'hui le papier extrême-oriental que l'on importe en Perse, sous
le nom de papier de Khanbaligh, lequel est formé de la superposition
en chicane de plusieurs couches de la formule initiale de Mong Thian.
Cette technique de Tsaï Loun était certainement d'un usage assez
restreint, aussi restreint que l'avait été celle de Mong Thian, pour que
Yang Shéou-tchin ne fasse remonter qu'au IIIe siècle l'usage du papier
actuel *kin-tchi*, du pinceau, de l'encre. En l'année 284, une ambassade
envoyée par l'empire romain, qui avait fait le périple de l'Asie, arriva
à la Cour céleste, et présenta trente mille rouleaux de papier, dont
l'empereur envoya dix mille au marquis de Tang Yang pour lui permettre de publier ses élucubrations; malgré les assertions intéressées
des histoires du Céleste Empire, la fabrication du papier, à la fin du
IIIe siècle, n'était pas tellement avancée à la Chine que l'importation de
ce stock n'en modifiât le procédé, en rendant sa virginité à la technique
de Mong Thian, qui avait été abîmée par Tsaï Loun; les Chinois mettent
en effet l'existence d'un nouveau papier, le papier à odeur de miel, en
relation avec l'apport dans leur empire des 30.000 rouleaux qui étaient
venus par mer des contrées lointaines du monde romain, et qui, certainement, étaient du papyrus. Cette corrélation n'est pas indiquée d'une
façon matérielle dans le récit de l'auteur qui rapporte ces circonstances,
qui juxtapose, dans deux périodes consécutives, l'importation du papyrus
romain et l'invention du nouveau papier chinois; mais les Célestes, les

Orientaux en général, ne conçoivent pas la loi de causalité, pas plus qu'ils ne peuvent s'élever à un concept d'ordre abstrait; ou plutôt, ils ne marquent pas les rapports qui unissent et conditionnent deux faits consécutifs, ou deux phénomènes concomitants; ils se bornent à juxtaposer le récit sommaire des deux événements, en laissant au lecteur le soin d'établir les rapports tangibles qu'ils ne se sont pas donné la peine d'indiquer; et cela ne doit point surprendre dans l'esprit d'hommes qui écrivent et qui parlent un idiome dans lequel les rapports, les corrélations, des propositions conjuguées ne sont point marqués, où elles se suivent sans lien, comme une série d'incidentes isolées, où les accords des mots dans la phrase, leur situation dans le temps et l'espace, ne sont point indiqués, ou ne le sont que d'une manière vague et incomplète, qu'on ne saurait comparer à la précision savante des langues de la famille indo-européenne. Ce nouveau papier chinois, d'après ce qu'ils racontent, était fait des feuilles et de l'écorce de l'arbre *mi-siang* « qui répand l'odeur du miel »; sa couleur tendait au gris, et ses mouchetures ressemblaient à des œufs de poisson; il avait une odeur pénétrante, et il tolérait d'être mouillé, ce qui ne manqua pas de frapper les Chinois, dont le papier ordinaire se crevait pour une goutte d'eau, et se transformait en une pâte facilement déchirable dès qu'il était tant soit peu mouillé; ce papier était une imitation du papyrus, que l'on fit, pour certaines raisons, avec de l'écorce de tilleul et avec les fleurs odorantes de cet arbre, qui rappellent en effet l'odeur du miel, comme devait le faire quinze siècles plus tard Léorier-Delisles, à Montargis, pour parer déjà à la carence de la pâte de chiffons; ce papier de tilleul, en effet, est tout à fait grisâtre, il se plie facilement, et supporte une goutte d'eau sans se percer; les taches dont parle l'écrivain chinois sont des morceaux de fleurs, qui font des taches jaunes dans la pâte qu'elles parfument d'une odeur pénétrante.

Après Tsaï Loun, on en revint par degrés à une formule dans laquelle n'entraient que de l'écorce et des fibres de mûrier, ce qui, au Xe siècle, avec quelques variantes sur la matière, était devenu une règle absolue, d'où il résulte que l'on expulsa de la formule de Tsaï Loun les débris de chanvre qui s'y trouvaient encore au VIIIe siècle, dans celle qu'empruntèrent les Musulmans, pour en revenir au papier-papyrus de Mong Thian.

La lecture des chroniques arabes montre qu'à une date antérieure aux premières années du VIIe siècle, les sujets des Chosroès écrivaient à la fois sur des peaux de bœuf tannées, et sur un papier nommé *touz* توز; c'est sur des *touz* que Tahmouras, à la veille du grand cataclysme, écrivit les livres de la science, pour les conserver à l'humanité, quand le monde serait revenu à la vie (*Études sur le Gnosticisme musulman*, 1913, p. 16); ces *touz* étaient manifestement du papier de bambou *thou-tzeu*, expression qui désigne une matière faite de filaments de bambou, ou, peut-être, une matière faite à l'aide d'une claie de bambous.

L'existence dans la littérature pehlvie de ce nom chinois ne prouve pas plus que ce papier de bambou, dans l'Iran, fût une importation chinoise, un monopole des marchands du Céleste Empire, qu'au xxᵉ siècle, en Perse, au Maghreb, le mot *kaghad, kaghadz*, lequel est également la transcription d'un vocable chinois, n'établit que le papier, dans le monde musulman, provienne des fabriques de Canton ou de Nankin. En l'absence de tout renseignement traditionnel, il n'est point aisé de déterminer d'une façon certaine si ce *touz*, sous le règne des Sassanides, était apporté en Perse par les Chinois, ou si les Iraniens avaient appris à le fabriquer aux siècles antérieurs à l'Islam, ou s'ils le faisaient d'une matière autre que le bambou; ce nom de « papier de bambou » n'implique pas d'une manière absolue que ces feuillets, au ivᵉ ou au vᵉ siècle, fussent faits de pâte de bambou; il peut signifier qu'il imitait une substance qui, dans le principe, portait ce nom, parce qu'elle était réellement composée de fibres de bambou, pas plus que l'expression moderne « papier de soie » ne signifie que sa pâte soit faite de fils de soie, pas plus que de la paille de riz ne figure dans la composition du papier à cigarettes.

Si le problème est indéterminé, faute de relations suffisantes entre les inconnues qu'il suppose, il ne m'en reste pas moins cette impression personnelle que *touz*, dans les livres arabes, pour désigner le papier sassanide, signifie une composition dans laquelle les sujets des Chosroès avaient substitué l'écorce du peuplier, ou d'un autre arbre, au bambou chinois, dont ils gardèrent le nom à la nouvelle matière: *touz*, en effet, d'après les lexiques persans, qui sont des ouvrages très tardifs, d'une autorité philologique plus que médiocre, désigne l'écorce mince d'un certain arbre avec laquelle on recouvrait, suivant les uns, les flèches et les selles des chevaux, suivant d'autres, que l'on enroulait autour des arcs pour les renforcer, et en rendre le maniement plus aisé. Si l'on fait attention à cette circonstance que le mot *touz*, dans les lexiques, est cité sans autre exemple que ce vers du *Livre des Rois* :

دو ابرو بسان همان دراز بود توز پرشیده از مشک تاز

« Deux sourcils semblables à un arc allongé, qui est recouvert de *touz*, et courbé sous son vernis noir », que le *Sahah* de Djauhari (vers 1000) ne le cite pas, et qu'il parait seulement dans des dictionnaires tardifs, tels le *Lisan al-'Arab* et le *Tadj al-'arous*, qui se bornent à dire « le *touz* est un arbre شجر التوز », il en faut conclure que ce mot est étranger au persan, que les explications données par les lexiques sont nées autour d'une glose de ce vers de Firdausi, de ce que Hamza Isfahani dit du *touz*, dans le but de décrire l'opération qui consistait à envelopper le bois des arcs, à recouvrir les selles, de papier, ou de l'écorce avec laquelle on le faisait, qui avait pris son nom du papier, *thou-tzeu* en chinois, laquelle opération les Arabes expriment par le verbe توّز. Hamza Isfahani, qui vivait au xᵉ siècle, et qui est l'une des meilleures sources arabes de l'histoire des Perses d'avant l'Islam, affirme que l'arbre qui fournissait le *touz* était nommé en persan *khadang*

خدنك, ce qui, d'après certains, désigne le peuplier blanc ou noir,
suivant les autres, le frêne ou le hêtre, dont on faisait les hastes de
flèche, et les selles, d'où, par extension, *khadang* tout court désigne une
flèche; il en faut déduire que *khadang* est l'équivalent du chinois *thou*,
« bambou », et qu'à l'époque de Hamza, on avait remplacé le bambou par
l'écorce d'un arbre persan, dans la composition du papier, que c'était
bien avec le *khadang*, peuplier, ou frêne, que l'on faisait les hastes de
flèches et les selles, avec son écorce, le *touz*, que l'on garnissait les
arcs, et que l'on enrobait les flèches, toutes significations qui ont été
brouillées par les médiocres auteurs des lexiques persans.

La technique des peaux de bœuf préparées et tannées, sur lesquelles la tradition iranienne affirme que le texte de l'Avesta fut
écrit à l'encre d'or, est manifestement l'imitation d'une manière des
Grecs byzantins, comme on le voit par des rouleaux de cette matière sur
lesquels des scribes grecs écrivirent des comptes en Égypte, à l'époque
de Justinien, et l'on sait par le témoignage de Masoudi que les Perses de
l'époque sassanide se servaient également de parchemin, quelquefois
même d'un parchemin très fin, de qualité supérieure, à la mode du
bas-Empire, pour copier leurs manuscrits de luxe qu'ils décoraient de
peintures. L'usage du parchemin, à la cour de Khosrau Parwiz, est
amplement prouvé par un passage d'un des meilleurs historiens
des premiers âges de l'Islam, Baladhori, qui se donna la tâche de
narrer les fastes de l'épopée qui rendit les sectateurs du Prophète
maîtres de l'ancien monde; c'est à tort que l'on a vu dans le récit de
Baladhori la preuve que Khosrau Parwiz, à la fin du VIᵉ siècle, décréta
que l'on renoncerait désormais à l'usage du parchemin, pour ne plus
employer que le papier, dont l'importation dans la monarchie sassanide aurait constitué un monopole des Impériaux; les termes du *Livre
des Conquêtes* signifient exactement le contraire : Baladhori (p. 464) dit
en effet : « Aboul-Hasan al-Madaïni m'a rapporté, le tenant d'Ibn Djaban,
qui récitait les paroles d'Ibn al-Mokaffa' : les états concernant le mouvement des fonds étaient lus par devant le roi (de Perse); à cette époque
(avant 590), ils étaient écrits sur des feuillets (de peau) *sahifa* blancs,
et chaque année, le ministre des finances venait présenter au roi des
feuillets (de peau) réunis en un volume, sur lesquels étaient écrits les
montants des sommes qui avaient été fournies par l'impôt, de celles qui
avaient été employées pour couvrir les dépenses, de celles qui avaient
été versées dans le trésor; le roi les revêtait de son sceau et leur donnait
son approbation. Quand la royauté échut à Kisra Aparwiz, fils d'Hormuz
(590), il fut incommodé par les odeurs qui émanaient de ces feuillets
(de peau); il ordonna que le ministre ne lui présentât son budget autrement qu'écrit sur des feuillets (de peau) parfumés avec du safran et
de l'eau de rose في صحف مصفّرة بالزعفران وماء الورد, et que les feuillets (de peau) qu'on lui soumettait pour le mouvement des fonds et

pour tous autres objets ne le soient jamais sans avoir été parfumés. Il fut fait ainsi. »

On sait, en effet, par ce que raconte l'auteur du *Kitab al-fihrist*, que ces peaux sassanides, préparées, mal préparées, pour recevoir l'écriture, répandaient une odeur fétide, et qu'un lot qu'on en découvrit à Baghdad, dans l'ancienne métropole des Chosroès, empoisonna un quartier de la ville; il est visible, d'après ce que rapporte l'auteur du *Livre des Conquêtes*, que Khosrau Parwiz, en 590, ne changea point la technique de son administration, et qu'il se borna à la modifier, qu'aux *sahifa* qui empestaient, il donna l'ordre que l'on substituât tout simplement des *sahifa* parfumées, pour ne point offenser la délicatesse de son odorat, mais qu'à cette variante près, avant comme après ce perfectionnement, les *sahifa* restèrent de la même substance, soit parchemin ou peau de bœuf, soit papier, et qu'il n'y eut pas, à cette date de la fin du vi^e siècle, passage de la technique de la peau à la manière du papier, ou vice versa. Il va de soi que jamais aucun papier n'a répandu une odeur aussi nauséabonde, et que *sahifa*, dans ce passage de Baladhori, ne saurait représenter des feuillets (de papier); *mousaffir* ne doit pas être traduit « jauni », mais bien « parfumé », comme le montre le second terme de la proposition « eau de rose »; il faut entendre « parfumé avec l'odeur composée de safran et d'eau de rose », qui est le parfum favori des dames persanes, auxquelles on l'interdit durant le temps qu'elles se livrent aux austérités du pèlerinage à la Mecque et à Médine. Mais l'analyse philologique permet de déterminer qu'à côté des peaux de bœuf et de mouton, lesquelles constituaient une imitation évidente de la technique grecque, à côté du papier de bambou *touz*, importé des provinces du Hoang-ho ou du Yang-tzeu, ou d'une imitation de cette denrée, les Persans connaissaient une troisième manière, qui était probablement une invention nationale, et dont le nom a connu une fortune singulière autant qu'usurpée dans l'histoire de l'humanité. C'est un fait établi par les techniciens, les fabricants de papier (H. Alibaux, *les Légendes de l'histoire du papier, Revue du Lyonnais*, n° III, 1921), que le papier que les Byzantins ont nommé « papier de coton », d'où est venu notre *bombycinus*, est en réalité un papier de chiffons de chanvre, et que le coton n'entre pour rien dans sa composition, car une semblable matière serait radicalement impropre aux usages que l'on attend d'elle; et ce παμϐάκις ne peut être l'imitation d'un papier de bambou dont il aurait pris le nom, car *bambou* بمبو, en malais vulgaire, est un emprunt au kanarèse *bambou, banwou*, onomatopée qui désigne le craquement du bambou dans le feu, et surtout parce que l'on ne voit pas pourquoi, ni comment, les Perses de l'époque sassanide auraient choisi, pour désigner le bambou qui leur était venu par la Chine, et dont le nom était *thou* en chinois, un mot du Nord-Est de l'Inde, qu'ils auraient iranisé en *bambou-k*, d'où βόμϐυξ dans le sens de « papier (de bambou) ». C'est un fait visible que βόμϐυξ, dans ce sens, est l'hellénisation du mot pehlvi *panbak, pambak* « coton », dont l'adjectif dérivé *pambak-in* se lit dans l'Avesta (VII, 11), avec le sens de « matière en coton », comme on le voit par l'expression *moûi-i pambakin* « poils en coton », par antiphrase avec les vêtements de poil de chèvre et de chameau, dont il est question dans ce passage. Ces faits, joints à cette circonstance que « papier » en russe, *boumaga*, signifie étymologiquement « matière de coton » (p. 122), prouvent qu'à une certaine époque, certainement dans l'Iran, il a existé une technique qui consistait à écrire sur une matière faite de coton, et, puisque l'existence de papier fait de pâte de coton est l'impossibilité même, puisque l'on n'a jamais trouvé une semblable matière, il en faut conclure, il semble, qu'à la fin de l'Antiquité, les Iraniens écrivaient sur des rubans de coton, comme les Célestes avaient écrit sur des bandes de soie, et les Hindous sur des pièces de calicot; et cela, mieux que tout, explique pour quelle raison il ne subsiste absolument rien de la littérature ancienne de la Perse, à l'époque des Achéménides, sous le règne des Arsacides, pendant la domination des Sassanides, comment le nom de « matière en coton » *panbak* fut adopté comme terme générique désignant toute substance souple sur laquelle on pouvait écrire, et comment les Byzantins l'appliquèrent au papier de chiffe, quand ils le connurent, comme une opposition formelle au parchemin, qui ne pouvait se confondre avec lui, ni être désigné par la même appellation, dont le nom. d'ailleurs, était en grec une tradition lointaine.

La technique, en Chine, d'un papier composé uniquement et exclusivement de matières végétales était manifestement un luxe, et le procédé de Tsaï Loun continua à produire une substance plus économique; c'est en effet cette formule d'une cellulose composite, formée d'écorces et de déchets, qui fut empruntée aux Célestes, en 751, et que des prisonniers chinois appliquèrent à Samarkand, qui devint rapidement le centre de la fabrication du papier; mais les Musulmans ne tardèrent pas à expulser de la formule de Tsaï Loun les éléments végétaux vierges, pour ne garder que les morceaux de torchons, les débris de cordes, et autres saletés, qui avaient été introduites par économie dans le procédé de Mong Thian; le produit qui en résulta dans les provinces du Khalifat ne laissa point d'être assez médiocre, au point qu'Ibn Haukal, à la fin du Xe siècle, dans sa description de la Transoxiane, a écrit, sans plus de détails, contrairement à ce qui se lit dans Malte-Brun, que l'on fabrique dans cette province lointaine un papier excellent, et qu'on en chercherait vainement un qui lui soit comparable dans tout le monde musulman.

L'antiquité, la priorité, de la formule du papier composé uniquement de cellulose vierge sont suffisamment prouvées par le nom que les Célestes, sous les Thang, donnaient à leur papier *kok-tseu*, dont les idiomes de l'Asie Centrale ont fait *kagata*, qu'elles ont passé au mongol *khaghata - soun*, *khaghata - soun tchaghata - soun* « papier blanc », et qui est entré dans la langue arabe, au milieu du VIIIe siècle, sous la forme *kaghadz* كاغذ : ce mot chinois, introduit par l'Asie Centrale dans des textes bouddhiques rédigés dans cette contrée, a embarrassé les grammairiens hindous qui veulent que tout mot qui parait dans un texte sanskrit dérive d'une racine sanskrite ; un lexicographe tira naturellement *kagala* d'une racine *kag-*, sans se laisser arrêter par les difficultés, et il la rangea dans une liste de verbes se terminant en *-ag* ; on chercherait en vain ses dérivés dans les livres hindous, sans compter qu'elle n'est pas mentionnée dans Panini. L'auteur du *Dhātupāṭha* (xix, 29) reconnut son inexistence, et il écrivit pour combattre cette opinion fantaisiste : rage *çaṅkāyām.* lage *saṅge.* hrage, hlage, ṣage, ṣṭhage *samvaraṅe.* kage *na ucyate.* aka, aga *kuṭilāyām gatau :* « rag, doute. *lag*, adhésion. *hrag, hlag, ṣag, ṣṭhag*, action de couvrir. *kag* ne se dit pas. *ak, ag*, mouvement non rectiligne ». Les commentateurs diffèrent sur l'interprétation de *na ucyate* ; les uns voient à tort dans *kag-* un verbe signifiant « action », d'une façon générale, ce qui est le sens adopté par Böthlingk ; les autres, une racine dont ils se prétendent dispensés d'indiquer la signification parce qu'elle en a trop, ce qui est un comble.

[*Page 59.*] Les Gryphons « auxquels les Arimaspes ravissent l'or » (Hérodote, iii, . 6) sont dans l'Altaï, et non dans l'Oural. L'Europe, dans la terminologie d'Hérodote, s'étend indéfiniment dans l'Est, au-dessus de la Perse et de l'Inde, jusqu'aux marches de la Chine, qu'il ignore absolument. Dans sa théorie, les peuples barbares se succèdent dans cet espace immense, de l'Ouest au Soleil levant, suivant une direction dans laquelle l'historien confond le Nord et l'Est, dans l'ordre suivant : les Cimmériens, sur la côte occidentale de la mer Noire et en Crimée, les Scythes (Saka), les Issédons, les Arimaspes, les Gryphons, les Hyperboréens vers la mer Glaciale (iv, 3) ; au viii⁰ siècle, les Arimaspes culbutèrent les Issédons, qui tombèrent sur les derrières des Scythes ; les Scythes campaient dans la vallée du haut Yaxartes ; ils prirent la fuite vers l'Oural, chassant devant eux les Celtes, les Cimmériens. Puisque les Scythes campaient sur le Yaxartes, les Gryphons, qui étaient derrière les Arimaspes, qui étaient derrière les Issédons, qui étaient derrière les Scythes, les Gryphons ne pouvaient être dans l'Oural, mais bien dans l'Altaï. C'est un fait certain, au dire de Strabon (xi, 8), que les Massagètes, au N.-E de la Bactriane, connaissaient parfaitement l'or et le cuivre, que l'on trouve en abondance dans l'Altaï, et qu'ils tenaient des Turks de la montagne, alors qu'ils ignoraient l'argent, et n'avaient que très peu de fer. Dans son *Histoire Naturelle* (iii, 4), Élien raconte que les Issédons habitaient dans les mêmes régions que les *murmex* indiens, lesquels ont la garde de l'or : οἱ μύρμηκες οἱ ἰνδικοὶ οἱ τὸν χρυσὸν φυλάττοντες, et sont, avec l'éternelle confusion de la Sérique et de l'Inde (p. 110), les Gryphons d'Hérodote. Les peuples asiatiques regardaient les Turks qui fouissaient dans les entrailles de l'Altaï comme des monstres de légende : les Hindous les nommaient *nāga* « dragons » (p. 59), et les Chinois, qui les appelaient *loung*, se les figuraient sous l'aspect de longs reptiles, aux plis sinueux, aux courtes pattes écrasées, à la tête stylisée, inter-

médiaires entre le serpent et le tigre; les Iraniens, à la frontière de la
Sérique, n'avaient aucun mot dans leur idiome qui pût traduire une
description exacte de cette vision de cauchemar, et ils la baptisèrent
du nom de lion *khshathriya (shir)*, ce qui était en somme la version
la plus exacte, puisque « lion d'eau », en persan, désigne le crocodile,
le grand saurien à pattes courtes qui est l'ancêtre direct du *loung* du
Céleste Empire. Les Grecs furent aussi embarrassés de traduire en leur
langue le nom de ces dragons fabuleux, que les Perses appelaient « lions »,
et ils choisirent pour le faire, non le mot courant λέων, mais celui de
μύρμηξ, lequel, comme nous l'apprend Strabon (XVI, 4), servait à désigner
un lion qui vit sur la côte du Golfe Persique, tout à fait différent du lion
de l'intérieur des terres, et qui présentait cette caractéristique curieuse
d'avoir un pelage jaune comme l'or. Quels qu'aient été les motifs de
cette singulière traduction du concept extrême-oriental « dragon », il
arriva ce qui ne pouvait pas ne pas se produire, la confusion entre
μύρμηξ « lion » et μύρμηξ « fourmi »; ainsi naquit la légende absurde des
fourmis indiennes qui fouissent dans le sable aurifère; on la trouve
déjà dans Hérodote (III, 103), qui l'a enregistrée mécaniquement, sans se
douter qu'elle n'est que le dédoublement de la légende des Gryphons,
qu'il a insérée à sa place dans le trésor de ses *Histoires*; le racontar
des fourmis indiennes, de la taille d'un jeune chat, qui servent, d'une
manière assez compliquée, à la récolte de l'or, se retrouve, sous une
forme curieuse, dans une lettre qui fut adressée à l'empereur Adrien,
par un personnage nommé Fara(s)manès, pour lui décrire les merveilles zoologiques de l'Asie; le témoignage de ce document, qui a été
publié par M. Omont, dans la *Bibliothèque de l'École des Chartes*, 1913,
est très important, car le nom de Faramanès, qui est purement iranien,
montre, d'une façon qui ne laisse place à aucun doute, que cette légende
est venue d'Extrême-Orient dans le monde classique par l'intermédiaire
de la Perse.

Χρυσός transcrit une forme sémitique *khatsir* « jaune, vert », puis « herbe
verte » חָצִיר, خَصِير, خضر, avec le retournement du mot autour de l'*r* :
khrats-; χρυσός n'a rien à voir avec le sanskrit *hari* « jaune », pas plus
que χλωρός « vert ». Χλωρός est ce même mot *khatsir*, avec l'équivalence
ts = ر = *l*, qui est un fait connu, lequel, notamment, explique certaines
particularités de la phonétique malaise. *Khatsir* traduit le nom altaïque de
l'or *al-toun* « le rouge » (cf. *khaghan* « souverain », *khaghan-toun* « qui
appartient au souverain, épouse du souverain »), doublet de *al-taï*
« rouge », qui se trouve encore dans le turk-tchaghataï الطاي avec ce
sens, qui a évolué en celui de « renard roux », en même temps qu'il désigne
la montagne où se trouve l'or التاي. Quand Jason alla conquérir la Toison
d'or en Colchide, il alla chercher l'or dans la contrée qui était le dernier
terme du voyage qui amenait le métal rouge des montagnes aux cimes
couronnées des neiges éternelles vers l'Occident du monde. *Hari* « le
jaune », en sanskrit, et *sou-varna* « qui a une belle couleur », traduisent

littéralement *al-toun, al-taï*, et c'est de même qu'en russe *krasnii* « rouge »
a pris le sens dérivé courant de « beau, joli ».

Γρύψ transcrit, avec le même assourdissement de l'*a* en *ou* que dans
γρυπός- *khatsir*, et dans le mot grec γρύπος, qui dérive de la même racine
que γρύψ, le nom ˙Grab(a)-, que les Perses donnaient à ces Turks, du verbe
grab-, graw- « prendre, saisir », en zend *gerew-*, en allemand *greif-en*;
˙Graba- traduisait le nom des Saka, qui était Sak, comme on le voit par
les annales chinoises contemporaines de ces barbares, et c'était par ce
nom de Saka que les Perses désignaient toutes les tribus turkes qui
vivaient dans les satrapies orientales de leur empire, et au delà de leurs
frontières. Sak, Sak, avec la confusion turke des gutturales, signifiait
« celui qui prend », puis « celui qui prend le dessus sur la maladie,
en bonne santé », puis par une évolution naturelle, « capable de faire une
chose, qui (com)prend ». Les Perses ont traduit l'un des aspects du sens de
ce mot, que les Sakas entendaient comme « intelligent », suivant l'habitude
constante des peuples du monde, qui se prodiguent à qui mieux mieux
des épithètes flatteuses; il se retrouve en tchaghataï, aux époques
modernes, sous la forme *sagh* ساغ « qui a pris son bon sens, ou la santé,
actif, capable, intelligent ». Actif, intelligent sont des significations secondaires, comme le montrent le verbe *sak-mak* ساقمق « prendre, saisir »,
d'où le participe actif *sak-an* ساقان « qui restreint (la liberté), loi »,
le nom d'action *sak-tchi* « gardien », ˙*saka-ghou, saka-ou* ساقاو « qui
garde (la parole), qui parle mal », *sak-our* ساقور « avare », *sak-la-mak*
ساقلامق, ساقلمق « garder, garder la santé », d'où ˙*sak-la-ghou, sak-*
la-gh(ou) ساقلاغ, *sak-la-ou* ساقلاو « gardien, sentinelle », comme *sak-*
la-ou-tchi ساقلاوجى, puis, avec le passage de l'actif au passif, « prisonnier », avec la même évolution sémantique qui, du sens de « capturant »,
a amené كرفتار au sens de capturé.

[*Page 60.*] C'est sous l'influence du Christianisme que fut créée, au commencement du xiᵉ siècle, dans le Céleste Empire, la grande divinité
de la Chine du Sud, le « Tout-Puissant parfait » 玉皇, littéralement
« l'Autocrate de jade », par l'empereur Tchin Tsoung, en 1012, qui le
combla de titres grotesques, qui l'affubla de noms ridicules, et qui lui
fit la grâce de lui permettre le port du vêtement impérial; ce « Tout-
Puissant parfait » est un bouddha christianisé, car « par lui, les êtres
arrivent au ciel, contemplent et adorent le Seigneur Suprême 上帝 »;
il fut adopté avec enthousiasme par les Taoïstes, chez lesquels il comblait
heureusement une lacune. Cette invention ne s'est point produite dans
l'ambiance du Judaïsme ou de l'Islam; le concept de la félicité parfaite
causée par la contemplation extatique du Saint des Saints est exclusivement chrétien; il n'est ni juif, ni musulman; les Chinois le prirent aux
Nestoriens; les Monophysites furent des Chrétiens misérables, mais ils
connurent la divinité « Trois hypostases en Une personne, Esprit saint.

Ineffable », 三 一 淨 風 無 言. En 878, à Canton, le rebelle Hoang Tchhao massacra 120.000 Musulmans, Juifs, Chrétiens, Mazdéens, et ce nombre seul suffit à montrer que les édits de proscription antérieurs étaient restés, ou à peu près, lettre morte, car on ne peut raisonnablement admettre que tous ces gens étaient venus par mer dans le Céleste Empire.

Mohammad ibn Ishak, dans le *Kitab al-fihrist* (man. arabe 4458, folio 227 verso), rapporte qu'en l'année 987, il se rencontra à Baghdad, dans le quartier des Chrétiens دار الروم, derrière l'église, avec un moine nommé an-Nadjrani, dont il fait un portrait avantageux, et qui ne parlait que pour répondre aux questions qu'on avait la curiosité de lui poser ; le Patriarche nestorien الجائليق, dit Mohammad ibn Ishak, l'avait envoyé, il y avait alors près de sept ans, dans le pays de Sin, en même temps que cinq autres Chrétiens, de ceux dont les fonctions consistaient à s'occuper des affaires de la religion ; an-Nadjrani. s'en revint au bout de six ans, et il raconta à l'auteur du *Fihrist*, dans une de leurs entrevues, que les Chrétiens qui avaient vécu dans le pays de Sin étaient anéantis, qu'ils avaient péri par suite de diverses causes, qu'il ne restait plus dans cet empire qu'un seul homme (chrétien) : il ajouta que les Chrétiens avaient possédé dans ces contrées lointaines une église, mais qu'elle était tombée en ruines ; « comme je ne vis pas, continua-t-il, en manière de conclusion, que je pusse être utile aux Chrétiens dans les affaires de leur religion (puisqu'il n'y en avait plus), je m'en revins en moins de temps que je n'y étais demeuré » وان النصارى الذين كانوا ببلد الصين فنيوا وهلكوا باسباب وانه لم يبق فى جميع البلاد الّا رجل واحد وذكر انه كان لهم ثمّ بيعة خربت قال فلمّا لم أر من اقوم لهم بدينهم عدت فى اقلّ من المدّة التى مضيت فيها. Sans insister sur ce fait qu'il est singulier qu'an-Nadjrani soit arrivé à la Chine, juste au moment où il ne restait plus qu'*un seul* Chrétien dans l'empire, on peut croire qu'il n'étendit point son enquête beaucoup au delà de l'ancienne capitale des Thang, Tchhang-gan, et au Shen-si, et qu'il n'alla pas à Pin-lang ; la capitale, tout le pays environnant, la Chine entière, sauf trois provinces, les plus pauvres de l'empire, dans le Sud-Ouest, avaient été plus saccagées, plus ruinées, durant les onze années de l'insurrection de Hoang Tchhao, que pendant la révolte d'Anloushan, bien plus qu'elle ne devait l'être par les Mongols ; Tchhang-gan avait été prise par les rebelles, reprise par les bandes impériales, saccagée à fond par les deux troupes de mercenaires, qui finirent par s'y livrer un combat dans les rues, au cours duquel elle fut anéantie ; Hi Tsoung, en 885, trouva sur son emplacement des broussailles où gitaient des lapins ; les « Cinq dynasties », qui succédèrent aux Thang, ne firent guère de meilleur ouvrage ; elles ramenèrent la Chine à l'époque des sept royaumes, jusqu'au jour où les Song refirent, à l'exemple des Thsin, l'unité de l'empire ; la civilisation chinoise survécut à cette ère de catastrophes et d'invasions qui donnaient à ceux qui voyaient la Chine de l'extérieur, comme des étrangers, l'impression que tout y était fini. Que les Nestoriens, dans cette débâcle, pourchassés par les Confucianistes, par les Bouddhistes, par les Taoïstes, et vraisemblablement par les Manichéens, qui marchaient avec les Taoïstes, se soient terrés au point de disparaître aux yeux d'un Syrien, c'est un fait qui ne saurait surprendre; il est probable qu'à cette date du Xe siècle, ils se déguisèrent en Manichéens, lesquels se grimaient en Taoïstes, comme les Manichéens s'étaient mués en Nestoriens en Perse, au IIIe siècle (voir p. 17), et qu'an-Nadjrani, à distance, ne les distingua point de ces abominables sectaires; ce prêtre raconta en effet à Mohammad ibn Ishak (*ibid.*, folio 228 verso) que la plupart des Chinois étaient Manichéens ثَنَوِيَّة et bouddhistes, qu'ils révéraient leur roi, et adoraient son image, qu'il y avait dans la ville de Ping-lang (Bīgh-ran) بغران un grand temple de 10.000 coudées en carré, construit en toutes sortes de matériaux, pierre, brique, or, argent, qu'avant d'y arriver, il fallait traverser une allée peuplée d'idoles, de statues, de simulacres; ces renseignements sont confus, comme tous ceux qu'an-Nadjrani donne sur laChine, mais ils sont suffisamment confirmés par l'histoire du Céleste Empire, à la condition que l'on consente à voir dans les Manichéens ثَنَوِيَّة dont il parle, tout ce qui n'était pas bouddhiste, Taoïstes, Manichéens, et peut-être des Nestoriens; c'est un fait connu qu'au commencement des Song, le peuple chinois fut plus enragé pour son bouddhisme tantrique qu'il ne l'avait jamais été, bien que Thaï Tsou ait fait officiellement profession de Confucianisme; les Confucianistes, et probablement les Chrétiens, étaient perdus dans cette tourbe.

[*Page 68.*] D'autres mots iraniens se trouvent dans les langues altaïques : mongol Khormuzda, nom de l'Indra des Bouddhistes, transcrivant une forme persane Hormuzd, dérivée du pehlvi Auhrmazd; turk-mongol *boghdo* « saint », qui est le participe passif persan, et non pehlvi, *bokh-ta*, sur lequel je me suis expliqué autre part; mongol *khuvas* « bruit », puis spécialement « bruit d'un oiseau quand il vole », en perse ʿhu-vâca « bonne voix », puis « bruit », par évolution; *nom*, désignant, suivant le cas, chez les Turks, l'Évangile, chez les Mongols, les soutras et les dharmas, qui est le grec νόμος, passé par la Perse; *téguétou nom* traduit le sk. *sad-dharma*, et نوم قلی Nom-kouli « l'esclave du Dharma », traduisant Dharmadâça, est le nom d'un descendant de Tchinkkiz; mongol *tamaki*, *damagha* « tabac », persan *tombaki* تنبکی et *tambagou* تنباکو, avec la même chute du -*b*- que dans le russe *boumaga* « papier », à côté du grec moderne πάμβαξ, παμβακίς, βάμβαξ, en grec classique βόμβυξ, qui sont le pehlvi *pambak* « coton », d'où *pambak-in* « en coton » (voir p. 110), turk *pambouk* پنبوق, *bamough* باموغ et *mamough* ماموق en turk-oriental; *boumaga*, en russe, signifie bien coton, comme le montrent l'expression *khloptchamaya boumaga* « coton en poil », et la traduction arabe قطن du persan *pamba* پنبه, forme moderne de *pambak;* mongol *tabak* « plateau », arabe *tabak* طبق; mongol *ghambour, kanbour* « camphre », qui ne sont point venus par le sanskrit *karpûra*, mais bien par le persan *kâfour*, transformé en *kănfour*, avec l'équivalence *ăn = â*, à moins que ces mots ne représentent une forme de persan ancien *kănpour*, dérivant de *karpûra*, laquelle est devenue *kâfour* dans la langue moderne, avec l'équivalence *â = ăn; rasiwar (tchilaghoun)* « lapis » est le persan *lâziward, lâzhiwàrd*, d'une forme plus ancienne *lâdjaward*, qui transcrit le prakrit *lâdja-vardha* « (couleur) qui réjouit la vue du roi », en sanskrit *râdja-vardha; rasiwar* ne dérive point de la forme sanskrite *rădja-vardha*, car jamais un *dj* hindou n'est rendu en mongol par un *s;* le changement de l'*l* de *laziwar(d)* en *r* à l'initiale est contraire aux règles habituelles de la phonétique mongole; *almas* « diamant », *iblis* « diable », *almas* « diablesse », sur lesquels on pourra consulter une note du volume XIX de la *Patrologie Orientale*, auxquels on peut joindre le mot *bâzâr* passé en ouïghour moderne sous la forme *basar*, avec le même changement de *z* en *s* que dans *rasiwar = lâziwar(d)*, et le persan *dour-bin* « longuevue », qui se trouve en tibétain exactement sous cette même forme.

[*Page 71.*] Le Bouddhisme avait connu la même évolution, et il se présente également sous trois aspects au cours des âges; sous ses premières espèces, le Bouddhisme moral que prêcha le Tathagata, le hinayana ne s'occupa que d'améliorer les mœurs de ses disciples et d'élever leurs esprits; il connut un ascétisme rigide et intransigeant; il ne fit aucune place dans son enseignement aux théories philosophiques, encore bien moins aux problèmes insolubles de la Métaphysique; la forme philosophique et métaphysique du Bouddhisme, qui succéda au hinayana, après quelques siècles, le mahayana, ne s'inquiéta pas davantage du sort des âmes après la mort, de la vie transcendantale; il renonça aux rigueurs du hinayana, pour s'engager dans les voies d'un laxisme aimable; il s'élabora, il évolua dans l'Oudhyana, dans le Gandhara, sous l'influence de l'Hellénisme; il alla chercher les éléments de ses rêveries dans la doctrine des Brahmanes, tout comme les Soufis s'inspirèrent du Néo-Platonisme, qu'ils démarquèrent. Il fallut attendre le vie siècle pour qu'un dévot de l'Oudhyana, sous l'influence des théories vishnouïtes et des systèmes des Tibétains, vers 550, fondât l'école yogatcharya, et inventât les dogmes du monde métaphysique, des enfers, des supplices qu'endurent les âmes des réprouvés avant de revenir à une existence nouvelle, dans le cycle de la métempsychose. Ces théories, créées par des extatiques et par des nécromants, caractérisent l'école du Nord contre l'église du Sud, qui est la plus raisonnable, la plus voisine de l'orthodoxie, la plus fidèle à la Tradition; il ne faut pas oublier que le Priyadarçin n'écrivait pas en sanskrit, mais bien en pali, comme les auteurs des dharmas et des soutras de l'Église du Sud, du Bouddhisme singhalais, qui a su se garder de l'exagération, de l'exubérance de l'Église du Nord, qui sont kashmiriennes et tibétaines. Il est inutile de dire que les théories et les dogmes de l'école yogatcharya sont en contradiction absolue avec l'esprit du Bouddhisme primitif, dans lequel il est réellement inconcevable que les âmes subissent le châtiment de leurs péchés après la mort, avant de revivre dans une existence nouvelle, puisqu'ils doivent renaitre dans cette « vita nuova » sous une forme étroitement conditionnée par celle de la vie immédiatement antérieure, et même, en réalité, par les péripéties de toutes les autres, pour y expier les fautes dont elles se sont rendues coupables. Ce non-sens plut aux Chinois, aux Chinois des basses classes, pas aux lettrés, naturellement; il correspondait infiniment mieux que le mahayana à leur mentalité, et surtout au culte des Ancêtres; il fleurit dans le Céleste Empire depuis l'année 768, en laquelle le bonze Amogha, disciple de l'école extatique, l'introduisit en Chine, où il se syncrétisa avec le Taoïsme, pour donner naissance à ce que l'on appelle le Bouddhisme chinois.

[*Page 72.*] Quelques penseurs, aux époques anciennes, des exaltés, ne se contentèrent point de cette tâche modeste, mais infiniment utile; ils continuèrent, en les compliquant, en les exagérant, en les byzantinisant, plus encore que ne l'avaient fait les sujets de l'empereur grec, sous le voile de la langue arabe, des discussions théologiques, métaphysiques, ontologiques, qui avaient commencé au sein des hétérodoxies chrétiennes, sous l'influence des idées grecques, qui sont directement sorties de Plotin, par l'évolution toute naturelle des idées platoniciennes.

Ces anxieux voulurent connaitre l'incognoscible, expliquer l'inexplicable, concevoir l'Inconcevable, Dieu, et l'analyser; leur orgueil les empêcha de voir que la raison humaine est étroitement limitée, que c'est un temps perdu que d'étudier la transcendance sans moyens mathématiques; encore ne faut-il pas considérer le nombre, ainsi que l'a fait le Père Gratry, comme le produit, la multiplication, de zéro par l'infini; car 0 n'est pas un nombre, mais un symbole, et l'infini, comme l'a dit Gauss, une manière de parler des quantités qui croissent au delà de toute limite, et l'on ne saurait multiplier un symbole par une catachrèse.

Ils continuèrent, sous une forme inférieure, les rêveries de Plotin, dans une direction qui fut, comme je le montrerai autre part, celle des Manichéens; en 841, Théodora pourchassa les Manichéens, qui s'allièrent aux Arabes contre Byzance, et l'influence de leur secte s'accrut dans l'Islam; les Ésotéristes musulmans n'étaient pas préparés pour une telle œuvre; ils ne comprirent rien à ce qu'ils empruntaient au Manichéisme et au Plotinisme, et ils ne surent rien exprimer. Si, dans son *Tâwasin*, al-Halladj n'a pas écrit dans une langue purement conventionnelle, il a, et c'est le cas, enfilé des mots sans avoir une seule idée en tête, pour dire quelque chose, par une imitation mécanique des gens auquel il empruntait son vocabulaire, sous une forme inférieure à celle du Bâb, dont les phrases de certains traités, prises isolément, sont incompréhensibles, alors que l'on parvient à peu près à deviner, par intuition, le sens d'un chapitre entier, ce qui est absolument impossible avec le texte du *Tawa-sin*, qui n'a pas l'ombre de sens, et dont personne ne pourrait traduire dix lignes consécutives. Les Soufis de langue arabe ne furent pas, en réalité, des Mystiques, ils furent des spiritualistes, des ontologistes, des doctrinaires de la Métaphysique transcendantale, des théosophes, tandis que les Persans, sous l'influence bouddhique, poussèrent le Mysticisme jusqu'à l'Ésotérisme. Les autres édictèrent des règles de morale, et s'en tinrent là; ils ne voulurent jamais s'occuper du sens mystique باطن, opposé au sens littéral ظاهر, ce qui, plus tard, devint l'opposition de l'ésotérique à l'exotérique; cette distinction ne remonte point aux origines de l'Islam; elle est contraire à son esprit, à toutes ses tendances, à la pensée du Prophète, à l'idée de tous ceux qui vécurent autour de lui. Ni Mahomet, ni les « Compagnons », ni les « Suivants », ne s'inquiétèrent du sens « secret » de ce qu'ils disaient, et ils n'y virent jamais que sa matérialité la plus stricte. Il n'existe pas, dans les livres de traditions authentiques, de celles qui sont reconnues comme telles par les plus savants docteurs, une seule tradition mohammé-dienne, ou provenant des Imams, pas un passage, pas une expression, pas un mot, qui ne prouve que tout, dans le Koran, dans la Tradition, doit être pris dans la littéralité la plus absolue, que c'est un crime contre l'esprit de l'Islam d'y voir autre chose que le sens le plus terre à terre. Et c'est là l'opinion constante, la doctrine absolue des théologiens et des juristes, des oulama, qui représentent l'orthodoxie musulmane, qui ont conservé la tradition primitive de l'Islam, qui seuls ont qualité pour parler sur ces questions, et pour en décider en dernier ressort. Leur opinion unanime, de la Chine à l'Atlantique, dans le Shiïsme, comme dans les quatre écoles du Sunnisme, est que l' « interprétation » des versets du Koran, des Traditions, au lieu de s'en tenir à la lettre simple, est un crime d'impiété, que leur traduction ésotérique est quelque chose d'encore plus abomi-nable, que ceux qui s'y livrent, Mystiques et Soufis, méritent encore plus les châtiments éternels que les Juifs et les Chrétiens, qui s'en tiennent à la littéralité de leur Pentateuque et de l'Évangile. La théologie et la jurisprudence n'ont pas varié sur ce point, depuis les origines les plus lointaines de l'Islam, et cela seul suffit à montrer que l'interprétation par les sens cachés est une invention postérieure, qui naquit, en effet, dans l'esprit de gens qui tendaient vers l'hétérodoxie, et que le sens littéral gênait, ce pourquoi ils le tournèrent, et le faussèrent au besoin.

[*Page 75.*] C'est un fait historique que le Bouddhisme vécut en Perse et dans les provinces asiatiques du monde grec jusqu'au viiᵉ siècle; il n'y a là rien qui doive surprendre, quand l'on réfléchit que l'empire séleucide s'étendit un instant des grèves de la Méditerranée à Lahore; que, le jour où l'Inde échappa à la domination des successeurs du Macédonien, il com-prenait encore, à son Orient, des provinces où le Bouddhisme régnait en maître; Açoka, au iiiᵉ siècle avant l'ère chrétienne, affirme, dans ses inscriptions, qu'il entretenait des missions bouddhistes dans les états des Ptolémées et des Séleucides; c'est visiblement sous l'influence des théories hindoues, que le Bouddhisme avait empruntées aux Brahmanes, que l'esprit de l'Hellénisme évolua dans le sens de la charité, de l'altruïsme, de l'amour du prochain, de la résignation, qui restèrent des concepts tout à fait étrangers aux Ioniens de l'époque classique. Yakout, dans le *Mo'djam*, parle d'un Naubahar نوبهار, qui, bien avant son époque, était un village près de Rayy, dans l'Ouest de l'Iran; *nava-vihâra*, « le nouveau monastère (bouddhique) » est généralement le nom du célèbre temple de Bactres, où régna Ménandre; ce même mot de *vihâra* a donné son nom بخارا à la ville de Boukhara; il montre, dans la Perse cocidentale, qu'un couvent bouddhique, à l'époque parthe, ou sous le règne des Sassanides, s'élevait dans ce village, à quelques kilomètres de Téhéran. Le Mazdéisme était loin de triompher dans toute la Perse; son influence était très limitée dans l'Ouest, le long de la frontière mésopotamienne, et son centre d'action était la Médie, l'Atropatène « la (contrée) où l'on révère le Feu sacré ». Non seulement le Boud-dhisme dominait dans l'Est, dans le Gandhara, qui était entièrement hindou, en Soghdiane, dans le Saïstan, il ne faut pas oublier que Rous-tam, le paladin Roustam, le héros légendaire du *Livre des Rois*, qui reçoit tout le choc de l'invasion des Sakas, et qui sauve l'Iran, est un souverain infidèle de cette contrée lointaine, mais encore il poussait une pointe hardie vers la frontière de l'Occident, reléguant le Mazdéisme dans les districts de la Médie, et il comptait des fidèles sur les marches du trône. J'ai montré, d'après les livres chinois (*les Peintures des Manuscrits orien-taux de la Bibliothèque nationale*, 1914-1920, p. 248), que, vers l'année 150 de notre ère, un prince arsacide, un persan, Shikoûh, comme Sâkya-mouni, délaissa les inutiles vanités de la puissance souveraine, et s'en vint à Lo-yang, traduire dans la langue du Céleste Empire les livres sacrés du Bouddhisme. Le fait, à première vue, est déconcertant; il n'a rien d'extravagant : à toutes les époques, des hommes nés chez les peuples de l'Occident vinrent en Chine pour y exercer des talents que l'on ne s'attendrait guère à leur reconnaître; sous le règne de Khoubilaï (fin du XIIIe siècle), un nommé Isa (Jésus), originaire du pays de Fou-lin, de la Syrie, astronome, médecin, polyglotte, qui savait particulièrement, et d'une manière toute spéciale, le tibétain, arriva à Pé-king, pour tra-duire en mongol les soutras du Kandjour et leurs commentaires du Tandjour; il y collabora avec un Ouïghour, Karandash, qui était très versé dans la connaissance des doctrines du Bouddhisme, et avec un peintre népalais, Anika, lesquels, comme lui, étaient de savants lin-guistes, des spécialistes éminents dans la connaissance de l'Inde et des dogmes du Bouddhisme; ce fait, sur l'authenticité duquel il n'y a pas l'ombre d'un doute, montre qu'au XIIIe siècle, malgré six cents années d'Islam, il y avait encore en Syrie des Bouddhistes, dont la connaissance des idiomes sacrés de la secte était loin d'être négligeable.

C'est ainsi que le nom du Tathâgata se trouva appliqué à des Chrétiens,

tout au moins à des Chrétiens hétérodoxes : Renan (*Journal Asiatique*,
1856, I, p. 250), vers 570, sous Khosrau Anoushirwan, a signalé l'existence
d'un Chrétien, Boud le Périodeute ܒܘܕ ܦܪܝܘܕܘܛܐ, qui composa des traités
de polémique contre Manès et les Marcionites, qui traduisit du pehlvi
le *Kalilag ou Dimnag*, les fables de Bidpaï; c'est avec raison que Renan
a supposé que ce personnage, comme saint Augustin, avait professé les
erreurs du Manichéisme, avant d'en combattre la doctrine, et que,
comme plusieurs Manichéens, il portait le nom du Bouddha; il est
certain que la légende manichéenne avait opéré en Perse, et dans les
provinces asiatiques de l'empire byzantin, un syncrétisme extravagant :
Cedrenus, au XIᵉ siècle (Migne, *Patrologie grecque*, CXXI, 497), parle du
fou Manès, qui se nommait Scythianus Σκυθιανός « celui qui tire son
origine de la nation des Σκύθαι », les Scythes étant les Saka, de sorte que
Σκυθιανός traduit Sâkya « celui qui est originaire de la race des Saka ».
Manès était né brahmane Βραχμάνης; il eut pour maitre Boudas Βούδας qui,
primitivement, se nommait Térébinthe Τερέβινθος, par une confusion
abracadabrante avec l'arbre de la science, l'arbre de la bodhi, sous lequel
Sakyamouni reçoit l'illumination, et devient bouddha. Boudas avait adopté
les théories de l'Hellénisme, et se proclamait disciple d'Empédocle;
il vint en Perse, et se prétendit le fils d'une vierge. Saint Ephrem dit
également que le Manichéisme est d'origine hindoue; cette opinion
est exagérée, mais l'influence bouddhique est évidente dans l'hérésie
manichéenne, dans celle de Bardesane et dans ses autres formes. Le
nom de l'Évangile de Manès, l'Évangile selon saint Thomas κατὰ Θωμᾶν,
est peut-être né, comme l'a proposé Renan, d'une étymologie populaire
autour de Gautama, nom du Bouddha. L'existence de ce syncrétisme irano-
bouddhique est suffisamment prouvée par le roman de Barlaam et Joasaph,
car, si Joasaph est certainement l'altération du titre du Bouddha, Bodhisattva devenu Boudasp, Barlaam, comme je l'ai montré autre part, est la
transcription de la forme que Verethraghna, nom du dieu de la guerre
dans le panthéon mazdéen, prit en moyen persan. Les auteurs arabes
veulent que ce Boudasp soit l'inventeur du Sabéisme, du culte stellaire
des empires de Chaldée, et ils ne font en cela que reprendre une tradition des Araméens chrétiens; c'est là une exagération évidente; elle
a incité Renan à admettre que Babylone, puis Ctésiphon, furent des
centres d'où l'influence bouddhique rayonna sur l'Occident; tout ce que
l'on peut dire, c'est que le Bouddhisme, depuis la conquête d'Alexandre
jusqu'à l'Islam, vécut dans les provinces qui avaient formé la monarchie
séleucide, dans un statut qui nous échappe, suivant des modalités qui
nous sont inconnues, mais dont l'existence ne fait point de doute.

[*Page 76*.] Vers 1200, Yakout signale la présence de Saints islamiques
الابدال من الصالحين, vers Homs, dans le Liban, qui fut toujours
habité par des Chrétiens, dont les Musulmans imitaient les austérités;
cette opinion était assez générale pour que, vers 1310, un exotériste
farouche ait écrit « le traité qui établit que la montagne de Loukkam est

comme toutes les autres, et qu'il ne s'y trouve ni hommes du mystère, ni saints » رسالة فى ان جبل اللكام كغيرة من الجبال لا رجال غيب فيه ولا ابدال. La poésie persane, qui est l'interprète fidèle de la pensée mystique et des secrets du Soufisme, a conservé dans sa terminologie le souvenir précis de l'origine chrétienne de la doctrine ésotérique : les poètes donnent au maître des maisons à boire ميخانه, des tavernes خرابات, le nom de *tarsa* ترسا, l'équivalent du mot arabe راهب « prêtre chrétien », puis, dans un sens général, « chrétien », qu'il s'agisse de clercs ou de laïcs, et ils n'hésitent point, pour les nécessités de la prosodie, à lui substituer l'arabe *kafir* كافر « infidèle ».

Ces auberges, ces mauvais lieux, où les Mystiques courent s'enivrer, tout en écoutant le Verbe du Mystère, sont une allusion transparente, une façon métaphorique de désigner les assemblées spirituelles où les Soufis se réunissent pour se livrer à ces exercices surérogatoires qui seuls peuvent conduire au Nirvana, alors que les pratiques d'observance stricte n'ont point d'autre vertu que d'ouvrir les portes du Paradis.

Le « Chrétien » qui gère ces maisons à boire, ces tavernes, n'est autre que le Maître de la doctrine, le directeur de conscience d'un groupe de Mystiques, le supérieur du monastère, le shaïkh, le mourshid مرشد, le پير نورانى, le Sage qui enseigne le dogme de l'illumination, dans laquelle les Ésotéristes iraniens confondent, après Ghazali et 'Attar, l'*ishrak* أشراق des Soufis arabes, qui est d'origine néo-platonicienne, et la *bodhi* de l'Indianisme ; c'est lui qui distribue à ses clients assemblés, qui leur fait porter par sa fille, « la fille du Chrétien », la *tarsa-batcha* ترسابچه, ou *kafir-batcha* كافربچه, aux joues plus roses que la rose de Shiraz, la liqueur magique dans des coupes d'or, la boisson d'immortalité, le Verbe de lumière, qui les enivre jusqu'à la mort des sens, dans laquelle ils trouvent l'extase finale de l'Union avec l'Être absolu au sein de sa divinité.

C'est ainsi qu'il convient d'entendre les Mystiques, Hafiz en particulier, le plus parfait de tous ; la langue de Hafiz est pleine de ces métaphores sensuelles ; elles trompent sur le dessein du poète, en laissant croire qu'il parle d'amour profane, et même de turpitudes, grâce à l'imprécision d'une langue qui ne distingue pas les sexes par des formes grammaticales ; tous les Mystiques, pour se faire comprendre, ont bien été forcés de transposer l'idéalisme de leur passion dans la matérialité des sens ; sans compter que les Soufis, dans l'Islam, connurent des ennemis acharnés, tous ceux qui ne pouvaient s'élever à la hauteur de leur pensée, et qui leur enviaient leur talent, ce qui indique assez leur nombre : il était infiniment moins dangereux pour leur sécurité de parler, ou de sembler parler, des boucles de la fille du Chrétien, ou de son fils, qui apportaient le poison d'amour, dans des coupes ciselées, des transes les plus matérielles de la passion la plus humainement profane, que d'union avec la Divinité, ce qui révoltait les professeurs de théologie. C'est ce qui explique pourquoi les poètes persans enveloppent leur pensée et la dissimulent dans les nuages de ces métaphores. au contraire d'Ibn al-'Arabí, qui eut toutes les audaces, et des dogmatiques, qui exposèrent leur doctrine, mais qui étaient des Mystiques d'occasion.

[*Page 89.*] Les Ésotéristes, au xii° siècle. à l'époque de Ghazali et d'Attar. ne furent pas plus embarrassés pour traduire la pensée hindoue, ou plutôt ce qu'ils en avaient emprunté, que les Mystiques syriens, au viii°, ne l'avaient été pour transposer les concepts de l'Ascétisme chrétien et de la philosophie de Plotin; l'opération, en syriaque, eût été impraticable, et aurait abouti à un résultat misérable; elle aurait été totalement impossible dans le persan ancien. avant qu'il n'eût fait entrer en lui tout le vocabulaire arabe. Ni le syriaque. ni le persan, n'étaient capables de rendre les abstractions du Bouddhisme, encore bien moins d'exprimer les aspects, les modalités de ces abstractions, les nuances de leur valeur.

La forme grammaticale, la morphologie. dans l'expression. est indifférente : l'esprit supplée à sa concision, et ajoute ce qu'elle a omis suivant le rythme de la pensée; une sentence de Confucius, formée de mots isolés sans contact grammatical, est aussi limpide qu'une phrase du *Timée*. quand l'on est parvenu à s'éclairer sur la valeur sémantique de ses éléments; peu importe à l'esprit que les rapports syntactiques soient exprimés d'une façon plus ou moins tangible, par des formes visibles, et la manière dont ils sont marqués lui est encore plus indifférente; toutes celles que l'homme a inventées ne sont-elles pas incomplètes et défectueuses, et n'exigent-elles pas l'interprétation rationnelle de leurs éléments, par un jeu des facultés supérieures qui touche à la divination ? Ce qui importe bien plus, c'est la souplesse du vocabulaire, sa richesse. surtout la faculté de se plier avec aisance aux variations infinies de la pensée. Jamais le persan n'aurait pu se prêter, avec son vocabulaire restreint, ne comprenant presque que des termes concrets, à traduire l'exubérance du vocabulaire hindou, avec ses multiplicités de sens et les variétés de ses significations; au lendemain de la conquête, au viii°. au ix° siècle. le persan prit conscience de son infériorité, qui, lui interdisait d'exprimer les concepts de l'Islamisme, que l'Iran venait d'embrasser. lequel, cependant, n'en comptait point tant; il comprit qu'il n'y pourrait jamais remédier par une évolution forcée de son vocabulaire, par un développement de son sémantisme, qui étaient au-dessus de ses moyens, et il y introduisit en bloc tout le lexique de l'arabe; cet artifice seul lui permit d'exprimer les idées philosophiques dont la sensation même était interdite aux sujets des Sassanides. L'arabe pouvait sans peine rendre les subtilités de la pensée de Plotin; il aurait pu, s'il l'avait voulu, traduire Platon aussi bien que le Stagirite, alors que l'opération, en syriaque, en pehlvi, aurait abouti à un échec complet, en produisant une traduction incompréhensible; il renchérit encore sur la complexité de son modèle, et il poussa la fantaisie, ce qui lui était facile, aux limites où elle aboutit à l'impossibilité.

Le verbe arabe est moins riche que la conjugaison sanskrite, mais il possède les modes et les temps, les voix essentiels; ceux que connaissent les Brahmanistes et les sectateurs de Sakyamouni sont une exubérance familière à la pensée hindoue; elle n'éclaire point la pensée des hommes qui écrivirent sur les olles de bambou, aux rives de l'Indus ou sur les bords du Gange; cette complexité ne sert point à marquer des variantes délicates et subtiles de la signification des verbes, mais une simple relativité dans le temps, que l'esprit ne conçoit pas nettement. Le jeu des deux langues se développe suivant des procédés essentiellement différents, mais il aboutit dans les deux idiomes à un résultat identique, d'une perfection absolue; si l'arabe ne possède point la gamme variée des préfixes hindous, qui modifient le sens du verbe par des touches insensibles, les dix aspects sous lesquels ses verbes se conjuguent, joints au jeu des prépositions qui affectent leurs régimes, lui confèrent une souplesse d'un autre genre, qu'on ne peut comparer au chatoiement ondulé du verbe sanskrit, mais qui peut lui équivaloir.

Le fait le plus important au point de vue du Soufisme iranien, qui parle en persan, et ne s'exprime pas en arabe, réside en la place considérable que les formations arabes, qu'il lui a empruntées, tiennent dans la langue persane, à ce point qu'elles vont jusqu'à usurper la place du verbe, dans une construction syntactique. Cette variation des abstraits, qui sont multipliés par les dix aspects sous lesquels les thèmes verbaux peuvent se présenter, permet de traduire sans aucune peine les nuances les plus fugitives de la pensée hindoue, de discriminer à l'infini entre les aspects simultanés ou successifs d'un même concept.

[*Page 107.*] Ibn al-'Arabi, Djalal ad-Din Roumi, Khosrau de Dehli, Hafiz, furent réellement des Mystiques: ils connurent l'amour divin, et ils ressentirent ses ardeurs; ils furent animés du transport spirituel, et ils éprouvèrent la sensation certaine de marcher vers Dieu, et de progresser dans son ipséité; Djami les imita dans une manière très habile, mais il n'éprouva jamais aucune sensation mystique; son inspiration ésotérique est nulle, encore plus que son inspiration littéraire; tout son talent est livresque, et consiste en artifices: il est un professeur de Mysticisme, et non un Mystique; il comprit qu'il n'avait rien de ce qui est requis pour créer dans ce domaine, et il disséqua les livres des autres, pour comprendre l'essence de leur doctrine, pour en faire des traités, et l'exposer. Djami, comme tous les dogmatiques, donne l'interprétation exotérique de la pensée des Mystiques; il ne traduit pas l'essence de leur pensée, qu'euxmêmes sont incapables d'exprimer, et que le public ne comprendrait pas, s'ils parvenaient à le faire; les sensations mystiques ne relèvent pas des sens exotériques; elles ne peuvent être traduites ou expliquées par aucune forme : les interversions des sens, l'audition des lumières, la perception visuelle des sons, la disparition de l'écriture d'une page, alors que la vue ésotérique continue à la percevoir, qui sont des syndromes de l'hystérie, la vue à distance dans le temps et dans l'espace, qui a fait croire aux Ésotéristes qu'ils vivent plusieurs vies successives.

L'extase est une grâce efficiente, qui élève le Mystique à l'intelligence ésotérique de concepts qui échappent à la compréhension des hommes; elle recule pour eux les bornes de l'entendement: elle les amène à un certain stade de la connaissance du monde transcendantal par le jeu des sens ésotériques; elle est essentiellement différente de l' « état » حال, dans lequel elle se produit, et non qui la produit; elle est fonction de cet état, qui est, pour qu'elle arrive, une condition nécessaire mais non suffisante. Cet état est produit par une extase antécédente, qui a élevé celui qui l'a subie à un stade مقام, auquel il peut percevoir des concepts à l'intelligence desquels il ne pouvait prétendre au stade précédent. Si toute extase produit un état, tout état ne produit pas l'extase qui correspond à cet état, sans quoi l'avancement, l'ascension dans les stades, serait automatique, et indépendant de la volonté de l'Être unique. Il faut pour que l'extase éclate, un acte de la volition divine, sans lequel le Mystique restera éternellement au stade où sa dernière extase l'a élevé. L'extase est une intégration, et l'intégration n'est possible que dans certains cas exceptionnels; pour en augmenter le nombre dans un stade déterminé de la raison humaine, il faudrait qu'une grâce efficiente augmentât le jeu de l'intellect humain, ce qui ne relève point des moyens et de la volonté de l'homme. L'extase est une sensation qui se produit en dehors du jeu des sens; elle parait instantanée, indépendante de tout effort; c'est là une apparence, causée par ce fait que les sens ésotériques travaillent dans le monde transcendantal, qui ne connait ni l'espace, ni le temps: l'espace et le temps sont des concepts humains; ils n'ont de valeur que par rapport aux cinq sens, l'imagination pouvant se transporter instantanément aux limites de l'univers, à la création du monde, à l'une quelconque de ses périodes, l'homme, qui est essentiellement limité, pouvant s'élever à une certaine notion de l'infini et de l'indéfini; c'est ainsi que Mahomet a parcouru toutes les sphères du monde intangible dans un laps de temps nul. En fait, ces opérations d'exploration du monde de la Transcendance se poursuivent dans l'inconscient; elles ne peuvent être connues du conscient que dans la proportion où le conscient communique avec l'inconscient; aussi les Mystiques croient-ils que le travail qui se produit dans la Transcendance n'existe pas, que l'acquisition de la science métaphysique est une révélation instantanée, alors que ce travail existe, que cette acquisition se produit, dans un monde différent du monde sensoriel, qui est concomitant avec lui, alors que ces modalités de l'action ésotérique sont simultanées avec celles de l'action exotérique, de la vie matérielle, qui n'a pas conscience des manifestations de la vie transcendantale, les ignore, et partant, suivant la norme humaine, les tient pour nulles et inexistantes: comment, d'une autre manière, expliquer qu'après ses extases, Mahomet était saisi d'un tel froid qu'il lui fallait se couvrir de son manteau, que les Soufis prient Allah de ne pas leur envoyer ces extases divines qui les épuisent et brisent leurs nerfs?

E. BLOCHET.